北方民族大学校级一般项目(2024XYSJJ01)
北方民族大学青年人才培育项目（2024QNPY08）经

经管文库·经济类

前沿·学术·经典

数字经济发展水平对
绿色全要素生产率的影响研究

STUDY ON THE INFLUENCE OF DIGITAL
ECONOMY DEVELOPMENT LEVEL ON
GREEN TOTAL FACTOR PRODUCTIVITY

宝 哲 著

经济管理出版社
ECONOMY & MANAGEMENT PUBLISHING HOUSE

图书在版编目（CIP）数据

数字经济发展水平对绿色全要素生产率的影响研究 /
宝哲著. -- 北京 ：经济管理出版社，2024. -- ISBN
978-7-5243-0143-1

Ⅰ. F249.22

中国国家版本馆 CIP 数据核字第 2025A2D874 号

组稿编辑：杨国强
责任编辑：白　毅
责任印制：张莉琼
责任校对：蔡晓臻

出版发行：经济管理出版社
　　　　　（北京市海淀区北蜂窝 8 号中雅大厦 A 座 11 层　100038）
网　　址：www. E-mp. com. cn
电　　话：（010）51915602
印　　刷：唐山玺诚印务有限公司
经　　销：新华书店
开　　本：720mm×1000mm/16
印　　张：13
字　　数：206 千字
版　　次：2025 年 4 月第 1 版　　2025 年 4 月第 1 次印刷
书　　号：ISBN 978-7-5243-0143-1
定　　价：98.00 元

前　言

　　促进人与自然和谐共生，进而探索绿色可持续发展的实践路径，是党的二十大做出的重要部署。近年来，绿色可持续的经济发展模式为实现区域经济发展和生态环境保护的有机协调提供了重要保障，成为经济、社会、生态环境协调发展的必然选择。同时，以互联网、人工智能与信息技术为代表的数字经济凭借大数据的高速处理技术，对市场进行准确定位，引发了生产要素的全面变革。因此，系统探讨数字经济发展水平与绿色全要素生产率间的关系，对于中国环境治理与经济高质量发展具有重要的理论意义与现实意义。

　　在此背景下，本书围绕数字经济发展水平与绿色全要素生产率间的内在关系，旨在探究以下重要问题：①中国数字经济发展水平与绿色全要素生产率的进展如何？②数字经济发展水平能否起到推动绿色全要素生产力的作用，进而从本质上改善环境污染？此外，数字经济发展水平对绿色全要素生产率的影响效果是否具有异质性？如果是，资源禀赋、城市规模、区域位置等会显示出什么样的差异效果？③数字经济发展水平通过何种机制作用于绿色全要素生产率？具体来说，在微观和宏观层面又发挥出何种传导效应？④外部约束如何改变数字经济发展对绿色全要素生产率的影响？

　　全书研究脉络如下：首先，介绍研究背景与研究意义，对数字经济与绿色全要素生产率的相关文献进行系统梳理，明确本书的研究问题、思路与方法。整理与研究主题密切相关的统计数据，构建出数字经济发展水平与绿色全要素生产率的测度指标体系，探究中国数字经济发展水平与绿色全要素生产率的发展现状，估计数字经济发展水平对绿色全要素生产率的直接影响，并创新性地使用中国下一代互联网示范城市政策作为数字经济发展水平的外生政策冲击，进行进一步的稳健性检验。其次，对数字经济发展水平影响绿色全要素生产率的机制进行了进一步研究，将宏观和微观层面机制纳入中介效应模型进行回归。再次，考察外部约束如何影响数字经济发展水平对绿色全要素生产率的激励效应。最后，概述了主要结论及提出了政策建议。本书的主要结论为：

（1）考察数字经济发展水平与绿色全要素生产率的测度与演化特征，结果显示：①中西部地区数字经济发展水平指数年均增长率高于东部地区，现阶段，东部地区数字经济发展初期的红利消耗殆尽，数字化转型已经基本完成，中西部地区数字经济发展水平依然存在较高的数字红利。②数字经济发展水平存在较为明显的"马太效应"，且已经在发达地区与欠发达地区形成了"数字鸿沟"，但随着时间的推移，"数字鸿沟"开始逐渐减弱。③现阶段中国城市绿色化转型正在不断进步。从贡献因素来看，绿色全要素生产率指数与技术进步波动基本一致，且技术进步的贡献大于技术效率，技术效率的波动相对于技术进步而言更加平缓，说明绿色全要素生产率的动力主要源于技术进步驱动。④东部地区绿色全要素生产率高于中西部地区绿色全要素生产率，中西部地区绿色全要素生产率增长仍有待提升。⑤从绿色全要素生产率的空间分布情况而言，城市群之间在绿色协同发展中存在显著的空间异质性，尤其是东部沿海城市圈相较内陆发展水平更高。

（2）考察数字经济发展水平影响绿色全要素生产率的直接效应，结果显示，数字经济发展水平能够显著提升绿色全要素生产率。该结论在包含双重差分设计、倾向匹配双重差分、安慰剂检验、变量替换、更改模型设定、排除其他干扰性政策、工具变量估计等一系列稳健性检验下依然存在。并且，数字经济发展水平对绿色全要素生产率在城市规模、经济区位、资源属性、交通运输量、不同分解项以及碳排放强度上表现出强烈的区域异质性。

（3）考察数字经济发展水平推动绿色全要素生产率的影响路径，结果显示：一方面，微观层面数字经济发展水平可以通过提升企业绿色技术创新和产能利用效率，促进企业绿色转型，进而推动绿色全要素生产率，也会通过降低企业交易成本，促进企业绿色转型，进而推动绿色全要素生产率；另一方面，宏观层面数字经济发展水平会通过提升公众环境关注度、产业结构优化以及市场化程度而促进绿色全要素生产率。

（4）考察政府环境规制、经济增长目标、人力资本水平以及城市创新创业对绿色全要素生产率的调节作用。结果显示：①从政府环境规制而言，政府的环境目标约束倒逼企业进行绿色技术创新与产业结构升级进而发挥出环境治理效应，刺激地方出台更为严格的环境治理举措，激励企业高新技术研发与清洁生产，有助于城市实现经济增长与环境保护的双赢发展。②从经济增长目标而言，经济增长目标约束增强了地方政府发展地区经济的动机，削弱了数字经济发展水平对城市污染的减排效应，从而不利于绿色全要素生产率的提升。③从人力资本水平而言，一方面，作为工业技术密集型的代表，数字经济的发展离不开创新要素的持续投入，人力资本水平的提升在促进数字化快速转型的同时，不断促使新技术、新产业的产生；另一方面，人力资本的知识溢出效应也加快了技术效率的改进，进而推动了绿色全要素生产率的提升。④从城市创新创业而言，一方面，城市创新创业指数越高，越会不断吸引创新要素聚集，为数字经济的发展提供条件，城市生产方式由以往的粗放式生产模式向集约式过渡；另一方面，在新发展理念下，城市创新创业的提升也进一步带来新兴绿色产业的萌生，促进了绿色全要素生产率的提升。

目 录

第1章　绪论

1.1　研究背景与研究意义

1.1.1　研究背景

在工业文明主导下，依靠要素投入与经济规模扩张为主要特征的传统粗放式经济增长模式给中国带来了严重的环境问题，人口、资源与环境的现状及变化态势，决定了中国必须走环境友好型的可持续发展道路。绿色可持续的经济发展模式为实现区域经济发展和生态环境保护的有机协调提供了重要保障，成为经济、社会、生态环境协调发展的必然选择。如何以社会生产方式系统变革为基础，把握新时代经济高质量发展，进而探索绿色可持续发展的实践路径，是目前最为重要的学术课题之一。然而，实现绿色可持续发展的关键是要处理好生产力与生产关系这一基本矛盾，而生产要素在其中有着至关重要的作用。同时，大数据、人工智能与信息技术的发展催生了数字经济。数字经济凭借大数据的处理技术，可以对市场进行准确定位，实现供需快速匹配，降低市场交易成本与信息不确定性，成为新旧动能转换、结构优化、效益提升的新引擎。并且，数字经济向社会各个领域加速渗透，催生出以数字经济为主要载体的新产业，给人类经济生活带来了深刻改变。数字经济的蓬勃发展使数据成为继企业家才能、技术、劳动力之后的新生产要素，其技术赋能不仅提高了产业数字化、智能化水平，还具有降低市场交易成本、满足消费者多样化需求的作用。

城市化是近年来中国区域发展中的一个新特征，是衡量国家以及地区经济社会发展、人居生活方式以及现代化进程迈进高级阶段的重要特征，同时是实现高质量发展的重要组成部分。然而，中国城市化和工业化的快速发展导致矿产能源枯竭、空气污染加剧、森林资源破坏等生态环境问题不断加剧，中国资源环境承载能力已接近上限（Zhao et al.，2020）。据耶鲁大学发布的《2020 环境表现指数》显示，中国环境表现指数为 37.3，在世界 180 个参评国家中居第 120 位，其中，空气质量得分 27.1，居第 137 位，气候变化得分 46.3，居第 103 位，污染物排放得分 58.6，居第 91 位。《2021 年中国生态环境状况公报》显示，中国 339个城市环境空气质量达标城市比例为 56.9%。同时，中国已经成为世界最大的能源消费国与碳排放大国，据《中国能源大数据报告（2021）》显示，2020 年中国能源消耗量为 49.8 亿吨标准煤，较上年增长 2.2%，同年中国二氧化碳排放量达 105.2 亿吨，超过欧美国家碳排放的总量。2021 年 1 月，中华人民共和国生态环境部发布了《关于统筹和加强应对气候变化与生态环境保护相关工作的指导意见》，提出要推进工业领域数字化、智能化、绿色化融合发展，打好污染防治攻坚战，严密防控环境风险，进一步改善环境质量，协同推进适应气候变化与生态保护修复，落实气候变化长期目标与环境治理的各项保障措施。

提升全要素生产率是缓解资源配置效率的有效体现，同时是经济增长的核心动能。全要素生产率的提升包含人力、物力、财力在内的资源开发利用效率的全面提升。在资源环境约束下，片面强调经济增长已经难以满足城市经济高质量发展的考核要求。然而，绿色全要素生产率是在全要素生产率的分析框架下，将环境与能源要素纳入生产函数的分析框架中，与全要素生产率只是基于传统的资本与劳动相比，绿色全要素生产率将工业生产过程中能源投入与负向外部性的非期望产出一并纳入生产过程，更加合理地考虑了环境因素对工业生产所带来的制约作用（陈诗一，2010）。因此，提升绿色全要素生产率已经成为现阶段缓解中国经济发展与生态环境不断恶化的重要手段。绿色全要素生产率的提升主要体现在技术进步与效率改进两个方面，人类历史上的技术革命都显著地推动了技术进步与效率提升。在此背景下，以互联网、人工智能、移动网络、大数据等新兴技术革命为代表的数字经济不仅发展迅速且与各行各业深度融合，数据也成为国家基础性战略资源，其自身的生产与运营也是绿色产业，蕴含着庞大的经济效益与发展前景。

综上所述，在全面推进污染治理、节能减排与经济高质量发展的大背景下，本书提出如下研究问题：数字经济发展水平能否起到推动绿色全要素生产力的作用？数字经济发展水平又是通过何种机制作用于绿色全要素生产率？具体来说，宏微观层面又发挥出何种传导效应？数字经济发展水平对绿色全要素生产率的影响效果是否具有异质性？如果是，资源禀赋、城市规模、区域位置等会显示出什么样的差异效果？外部约束是否会改变数字经济发展水平对绿色全要素生产率的影响？系统回答这些问题，对于中国环境改善与经济高质量发展目标的实现，具有重要的理论意义与现实意义。

1.1.2 研究意义

1.1.2.1 理论意义

本书在对现有文献进行梳理与回顾的基础上，围绕数字经济发展水平对绿色全要素生产率的影响这一主题，考察了数字经济发展水平对绿色全要素生产率的总体效应，系统整合了数字经济发展与绿色全要素生产率领域的理论、方法与工具。进一步考察了在微观层面数字经济发展水平如何通过企业绿色技术创新、产能利用效率与交易成本来提升绿色全要素生产率；在宏观层面数字经济发展水平如何通过公众环境关注度、产业结构升级与市场化程度来提升绿色全要素生产率。在此基础上，又考察了政府环境规制、经济增长目标约束和人力资本水平等外部约束对数字经济发展水平影响绿色全要素生产率的调节效应。另外，建立了数字经济发展水平影响绿色全要素生产率的理论分析框架。本书的理论意义主要体现在以下两个方面：

一方面，波特假说指出，环境规制可以带来生产效益的提升，因此，在面对实现经济增长目标与环境污染减排的同时，更多文献强调政府的外部干预是促进绿色全要素生产率提升的关键。然而，大数据、人工智能与信息技术的发展催生了数字经济，数据这种新的生产要素能否成为提升绿色全要素生产率的有效手段？现有研究鲜有从数理层面考察数字经济发展水平对绿色全要素生产率的影响效应。对此，本书在理论层面将数字经济发展水平与绿色全要素生产率引入内生经济增长模型中，考察数字经济发展水平对绿色全要素生产率的影响，拓展了有关绿色全要素生产率的理论分析框架。

另一方面，现有少数文献考察了数字经济发展水平对污染物排放的研究，但由于传统文献研究主要集中在数字经济作为技术进步对经济增长的影响，然而在绿色发展的目标下，以经济增长为核心的数字经济发展显然已经无法满足社会发展要求。因此，本书构建了数字经济发展水平与绿色全要素生产率的理论分析框架，系统梳理了相关文献，首先利用松弛测度模型（Slack - Based Measure, SBM）结合全局曼奎斯特-卢恩伯格（Global Malmquist-Luenberger, GML）指数法的非参数效率测算方法，以碳排放、工业二氧化硫排放、工业废水排放、工业烟尘排放为非期望产出，测算绿色全要素生产率，并利用双向固定效应模型实证分析数字经济发展水平对绿色全要素生产率的影响；其次运用中介效应模型分析数字经济发展水平与绿色全要素生产率的影响路径；最后利用调节效应模型考察外部约束对数字经济发展水平影响绿色全要素生产率的调节效应。尝试从多个视角出发，对数字经济发展水平与绿色全要素生产率之间的关系进行严谨规范的计量分析，对这一领域的相关研究内容进行有效的补充与完善。

1.1.2.2 现实意义

一方面，本书提出经济发展新常态下提升绿色全要素生产率是实现环境友好、经济增长与可持续发展的根本途径，同时是实现经济发展方式转变，追求高质量发展的重要驱动力。因此，基于非参数效率科学测算绿色全要素生产率，深入分析其空间差异与整体趋势特征，有利于我们更加明晰当前中国绿色全要素生产率的真实水平。并且，随着短视频、新媒体、互联网经济等数字媒体迅速崛起，公众环境与高质量生活的意识不断增强，在检验数字经济发展水平对绿色全要素生产率的路径研究中，合理评估非正式环境约束下公众环境关注度对绿色全要素生产率的影响，是以人为本发展理念在环境领域的重要体现，为绿色可持续发展提供现实指导。

另一方面，党的二十大报告指出，要推进美丽中国建设，坚持山水林田湖草沙一体化保护和系统治理，统筹产业结构调整、污染治理、生态保护、应对气候变化，协同推进降碳、减污、扩绿、增长，推进生态优先、节约集约、绿色低碳发展。与此同时，大数据、人工智能与信息技术的发展催生了数字经济，数字经济发展水平能否提升绿色全要素生产率，也就是说，数字经济发展能否成为破除两难困境的根本途径？为此本书在城市面板数据的基础上，探讨数字经济发展水平对绿色全要素生产率的作用路径，不同城市特征下的作用差异，以及外部条件对绿色全要素生产率的调节效应，为实现可持续发展提供具有可操作性的建议。

1.2 研究思路和研究内容

1.2.1 研究思路

根据以上研究背景与研究意义，本书的目标在于考察数字经济发展水平对绿色全要素生产率的总体效应、影响路径以及外部约束对两者关系的调节效应。因此，本书按照"提出问题—文献梳理—理论分析—指标测算—实证分析"的基本逻辑，通过综合运用内生经济增长模型和计量经济学的基本理论与方法，从理论与实证两个角度诠释了数字经济发展水平对绿色全要素生产率的影响机理与效应。

（1）提出问题。本书以现实背景出发，进而引出所要研究的问题，通过阐述论文的现实意义及其理论意义，说明本书的研究方法、研究内容与研究框架等，最后对研究可能存在的创新点进行简单介绍与总结。

（2）在文献梳理方面，本书紧扣数字经济发展与绿色全要素生产率的研究主题，对有关文献进行系统梳理，从而得出本书的研究方向。

（3）在理论分析方面，根据数字经济发展和绿色全要素生产率的相关理论基础，对数字经济发展水平推动城市全要素生产率的影响效应以及宏观与微观路径进行理论分析，在理论层面将数字经济发展水平与绿色全要素生产率引入理论模型中，考察数字经济发展水平对绿色全要素生产率的影响，为后续实证分析奠定理论基础。

（4）在指标测算方面。一方面，为了研究中国数字经济发展的演变趋势，本书探讨了数字经济发展的整体、区域、个体的时空分布特征；另一方面，为了精准衡量中国城市绿色发展的实际水平、演变趋势以及进展特征，本书测算了绿色全要素生产率发展指数，并对绿色全要素生产率的现状特征和变化趋势进行了统计分析。在此基础上，从描述性统计层面对数字经济发展水平与绿色全要素生产率之间关系的典型事实进行分析，为后续展开实证研究奠定基础。

（5）根据以上理论分析与指标测算结果，本书对数字经济发展水平影响绿色全要素生产率的总体效应、影响路径以及外部约束下二者关系的调节效应进行实证分析。具体而言：①以数字经济发展水平为解释变量，以绿色全要素生产率为被解释变量，实证分析数字经济发展水平对绿色全要素生产率的直接影响效应，并对其进行稳健性检验与进一步异质性讨论；②基于理论部分的分析，从微观与宏观两个层面，对数字经济发展水平影响绿色全要素生产率的路径进行检验；③基于外部约束调节数字经济发展水平对绿色全要素生产率影响进行理论分析，从政府环境规制、经济目标约束、人力资本水平以及城市创新创业四个方面，实证检验外部约束如何调节数字经济发展水平对绿色全要素生产率的影响效应。

1.2.2 研究内容

基于以上研究思路，本书的主要研究内容安排如下：

第1章，绪论。首先，提出本书的现实背景、核心研究问题及其理论与现实意义。其次，阐述研究思路与研究内容，在此基础上，梳理本书的研究方法与技术路线。最后，提炼本书的主要创新点。

第2章，文献综述。本章主要梳理与本书相关的文献，并对现有文献进行评述，从而总结出本书的研究重点。本章主要关注以下四个方面的文献：①数字经济发展水平的相关研究，重点关注数字经济的测算、数字经济的经济社会效益等问题；②数字经济发展水平与绿色发展；③绿色全要素生产率的测算问题；④绿色全要素生产率的影响因素。

第3章，数字经济发展水平影响绿色全要素生产率的理论研究。本章主要对数字经济发展水平影响绿色全要素生产率进行理论分析，同时从理论角度考察数字经济发展水平对绿色全要素生产率的作用路径。具体而言，首先，在理论层面将数字经济发展水平与绿色全要素生产率引入内生经济增长模型中，考察数字经济发展水平影响绿色全要素生产率。其次，在微观层面考察数字经济发展水平通过企业绿色技术创新、产能利用效率和交易成本推动绿色全要素生产率，在宏观层面通过公众环境关注度、产业结构升级和市场化程度推动绿色全要素生产率。最后，综合以上理论分析，构建数字经济发展水平推动绿色全要素生产率的总体理论分析框架。

第 4 章，数字经济发展水平与绿色全要素生产率的测度与演化特征。一方面，基于中国城市层面样本数据从互联网普及率、互联网相关从业人数、电信业务产出等指标测算数字经济发展水平，考察数字经济发展水平的演变趋势；另一方面，在非期望产出中纳入碳排放数据后，采用超效率基于松弛测度模型结合全局曼奎斯特卢恩伯格指数法对绿色全要素生产率进行测算，探究绿色全要素生产率的动态演化特征。

第 5 章，数字经济发展水平影响绿色全要素生产率的直接效应分析。首先，基于上述理论分析与指标测算结果，以数字经济发展水平为解释变量，以绿色全要素生产率为被解释变量，采用双向固定效应模型实证检验数字经济发展水平对绿色全要素生产率的直接影响效应。其次，通过双重差分、变量替换、变更模型设定、工具变量等方法设计稳健性检验，处理了样本选择性偏误、测算误差、遗漏变量和双向因果等内生性问题，保证本书实证结果的稳健性。最后，从城市规模、经济区位、资源属性、交通运输量、碳排放强度等角度检验数字经济发展水平对绿色全要素生产率的异质性影响。

第 6 章，数字经济发展水平对绿色全要素生产率的影响路径分析。本章主要基于前文的理论分析，采用双向固定效应模型和中介效应模型实证检验了数字经济发展水平对绿色全要素生产率的影响路径。具体而言：微观层面，考察数字经济发展水平通过影响企业绿色技术创新、产能利用效率以及交易成本推动企业绿色转型进而提升绿色全要素生产率；宏观层面，数字经济发展水平通过影响公众环境关注度、产业结构升级以及市场化程度进而推动绿色全要素生产率。

第 7 章，数字经济发展水平影响绿色全要素生产率的调节效应。本章主要基于外部约束对数字经济发展水平影响绿色全要素生产率的理论分析，采用双向固定效应模型与调节效应模型相结合的方法，实证检验外部约束对数字经济发展水平与绿色全要素生产率关系的影响。具体而言，分别检验政府环境规制、经济增长目标、人力资本水平以及城市创新创业在数字经济发展水平对绿色全要素生产率影响中的作用，根据检验结果的系数方向与显著性评估各要素的影响方向，深究作用差异的原因。

第 8 章，研究结论与政策建议。根据前文的理论与实证研究结果，总结本书的结论，并且提出具有可操作性的政策建议。

1.3 研究方法及技术路线

1.3.1 研究方法

（1）文献梳理法。在考察数字经济发展水平与绿色全要素生产率的关系过程中，本书从三个方面整理前沿文献：一是数字经济发展的文献综述，主要包括数字经济的测算问题与数字经济的社会经济效益问题；二是绿色全要素生产率的文献综述，主要包括绿色全要素生产率的测算以及影响因素；三是数字经济发展水平对绿色发展的研究综述。具体而言，从文献层面分类总结现有研究分别从何种维度研究数字经济与绿色全要素生产率，为探究二者之间的关系寻求文献支撑。同时，筛选出何种影响因素在数字经济发展水平与绿色全要素生产率之间发挥作用，确保本研究的创新性与可靠性。

（2）数理演绎法。主要借鉴 Romer（1990）、彭水军和包群（2006）的研究构建四部门内生经济增长模型分析数字经济发展水平与环境污染之间的关系，为探讨数字经济发展水平影响绿色全要素生产率提供理论依据。

（3）网络文本分析法。为了更为精准地衡量变量公众环境关注度与政府环境规制，本书采用网络文本分析法。具体而言，基于百度搜索指数以"环境污染+地级市"为关键词，手动收集获取各个地级市的环境污染"CSV"文件，并计算出年均值，从而获得公众环境关注度变量。政府环境规制采用政策文本分析法，具体而言，手动提取并整理各地级市各年份的《政府工作报告》，计算"环保"一词占全文总字数的比重，从而获得政府环境规制变量。

（4）非参数投入产出效率评价法。为了准确衡量绿色全要素生产率的演化特征，本书采用基于松弛测度模型（Slack-Based Measure，SBM）结合全局曼奎斯特-卢恩伯格（Global Malmquist-Luenberger，GML）指数法的非参数效率测算方法，测算中国绿色全要素生产率。

（5）双向固定效应模型。一方面，本书在整理面板数据的基础上采用时间与城市的双向固定效应模型考察数字经济发展水平影响绿色全要素生产率的直接效应；另一方面，通过深入城市内部，基于分样本回归法从城市规模、经济区位、资源属性、交通运输量、碳排放强度等角度检验数字经济发展水平对绿色全要素生产率的异质性影响。

（6）以双重差分设计、工具变量法、广义矩阵估计等方法为代表的稳健性检验。为了尽可能地缓解实证研究中存在的样本选择性偏误、测算误差、遗漏变量和双向因果等内生性问题，提高实证分析的稳健性，本书采用双重差分、倾向得分匹配双重差分、安慰剂检验、交互固定效应模型、广义矩估计模型等稳健性检验，识别了数字经济发展水平对绿色全要素生产率的内生性影响，从而尽可能缓解内生性问题，增强了本书实证结果的可靠性。

（7）中介效应模型。本书采用两阶段中介效应模型检验在微观层面数字经济发展水平如何通过影响企业绿色技术创新、产能利用效率以及交易成本推动企业绿色转型提升绿色全要素生产率，进一步检验在宏观层面如何通过影响公众环境关注度、产业结构升级以及市场化程度进而推动绿色全要素生产率。

（8）调节效应模型。为了考察外部约束如何调节数字经济发展水平对绿色全要素生产率的影响效应，本书采用调节效应模型，通过在实证模型中加入政府环境规制、经济增长目标、人力资本水平以及城市创新创业解释变量与数字经济发展水平解释变量的交互项进行回归分析。

1.3.2　技术路线

本书的技术路线如图1-1所示。

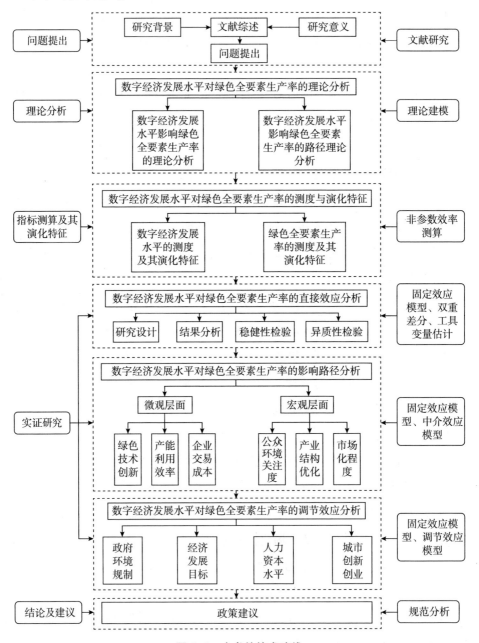

图1-1　本书的技术路线

1.4　主要创新点

（1）研究侧重点的创新。对于数字经济发展与环境污染的研究，现有文献更多侧重于宏观机制的探讨，本书从微观与宏观两个层面刻画数字经济发展水平影响绿色全要素生产率的作用路径，有助于对数字经济发展水平推动绿色全要素生产率进行更加全面的考察。

（2）研究切入点的创新。一方面，现有文献大多研究命令型环境规制与市场激励型环境规制下的绿色全要素生产率的提升效应，而从公众环境关注这种非正式环境规制的视角，尤其是从数字经济发展水平影响非正式环境规制进而提升绿色全要素生产率的研究并不多见。基于此，本书系统探讨了非正式环境规制这一软约束在数字经济发展水平中影响绿色全要素生产率的关键作用，厘清了数字经济发展所形成的环境治理效应。另一方面，鲜有研究考察经济增长目标在数字经济发展水平影响绿色全要素生产率过程中的调节作用，本书提供了新的研究视角，为数字经济发展水平与绿色全要素生产率协调发展提供经验依据。

（3）在数据采集方面的创新。现有研究在考察数字经济相关政策影响环境污染的过程中，大多采用"宽带中国""大数据综合试验区""电子商务示范城市"等试点政策，本书将中国 2013 年颁布的 22 个国家级下一代互联网示范城市视为准自然实验，该示范城市信息是作者在工信部手动收集并整理的，目前国内对于该政策的评估也鲜有涉及，可为数字经济发展的政策设计层面提升绿色全要素生产率提供经验支撑。

第2章　文献综述

在理论模型与实证分析、考察数字经济发展水平与绿色全要素生产率关系前应该充分梳理现有文献，方能全方位把握现有研究的基础、现状以及重难点。为此，本章对数字经济发展与绿色全要素生产率的相关研究进行回顾，通过对相关文献的梳理来厘清本领域研究的现状，继而提出本书所需要解决的相关问题，为后续的理论与实证分析奠定基础。关于数字经济发展水平与绿色全要素生产率的文献综述主要从以下方面展开：①绿色全要素生产率的测度方法与影响因素的有关文献；②数字经济的内涵界定、理论基础及其经济社会效益的相关文献；③数字经济与绿色发展的有关文献。通过探寻前沿文献的不足之处，以期为本书接下来的理论分析与实证检验提供经验支撑。

2.1　绿色全要素生产率的相关研究

2.1.1　绿色全要素生产率的测算

经济增长理论认为，经济增长主要依赖于要素投入与生产率的持续增加（陈诗一，2010）。然而仅仅依靠传统要素投入的增加，其规模收益会表现出递减，因此，生产率的提升是经济持续增长的首要动力，也是评价经济增长质量的重要指标，成为政府制定宏观经济增长的主要理论依据。但在现阶段，经济发展还需要考虑环境污染对于经济增长的负面影响，于是从全要素生产率的发展逐步演变出绿色全要素生产率的概念，绿色全要素生产率是资源消耗和污染物排放双重约束下衡量经济发展质量与效益的指标（王兵和刘光天，2015）。全要素生产率在测算过程中仅对资本与劳动进行考量，但绿色全要素生产率将污染物排放数据都引入全要素生产率的测算体系中，以期更加准确地测度经济发展的质量。如果在考虑地方政府绩效考核时忽视环境约束，地方政府会过度依赖以 GDP 为导向的传统粗放型经济发展模式，从而做出不利于经济可持续发展的决策。因此，为了更全面、更科学地考虑经济增长过程中的非预期产出问题，国内外一些学者将环境因素纳入全要素生产率的度量框架中（张帆，2017）。Pittman（1983）在测量威斯康星州造纸厂的效率时，首次将环境污染这一非市场的、非预期的产出引入生产率测量，收集并计算企业在生产过程中造成的环境污染成本。截至目前，如何构建模型，如何选择环境污染"意外"输出的数据，成为学者关注的热点问题。Chung 等（1997）在瑞典纸浆厂生产效率的计算过程中，引入了定向距离函数，并在此基础上构造了 Malmquist-Luenberger 生产率指数。Malmquist-Luenberger 生产率指数在衡量全要素生产率的过程中，不仅要求预期产出不断增加，而且要求意外产出不断减少，这也是绿色全要素生产率的第一次衡量。此后，国内外许多学者将环境污染的负面影响纳入经济质量提升和全要素生产率的计算框架中进行分析，掀起了绿色全要素生产率的研究浪潮。Hailu 和 Veeman（2000）在全要素生产率的测算中从特殊视角展开研究，并未将环境污染的成本与市场价格进行互换，而将环境污染作为一种非期望产出，与传统模型中的劳动、资本等其他生产要素一样进行计算。这种思路在一定程度上降低了非期望经济产出，并且从逻辑上能够与企业实际生产行为和生产过程贴近。Scheel（2001）在对全要素生产率进行测算时，较早地考察了环境污染对经济增长的影响，但他的研究主要将环境污染与劳动、资本视为同一生产要素，或是将环境污染视为非期望产出对绿色全要素生产率进行测算（郭然，2021）。显然，这种做法与实际生产过程是相悖的。有学者认为，对污染数据进行简单的处理与替换无法准确地估算非期望产出的经济绩效，于是有部分学者开始尝试使用方向性距离函数（DDF）这一估算方法对绿色全要素生产率进行测算。对于方向性距离函数的测算最早由 Färe（1989）首次使用，该测算方法是从产出视角出发，综合考虑非期望产出的效率问题，这种测算方法对于绿色全要素生产率的测算起到了较好的改进，但从方法而言，方向性距离函数仅仅属于数据包络法（DEA）中的径向与角度的测算方法（袁一仁，2019）。

至此，国内外诸多学者对绿色全要素生产率测算的问题展开研究。根据绿色全要素生产率的发展历程，绿色全要素生产率是在全要素生产率的基础上，衡量与估算经济投入产出下经济高质量发展的最优效率。对国内绿色全要素生产率进行测算，即在全要素生产率计算的基础上纳入反映环境变化的变量，并将其作为衡量经济发展质量的综合指标，反映环境变化的指标主要由能源投入与环境约束两个部分组成。现有几种不同的处理方式：第一种，考虑期望产出，而忽略非期望产出，其观点是将能源消耗作为投入变量考虑，将污染物排放作为经济活动过程当中的附加产品，也作为投入变量处理，该方法由于将投入与产出概念混淆，与实际情况不符。第二种，认为应该将非期望产出与期望产出同时纳入方程，该观点将能源消耗作为投入变量，将污染物排放作为产出变量，但由于没有考虑到环境污染存在一定的负外部性，不能等同于产出要素，这种处理方法并不能有效地考虑能源与环境约束问题。第三种，环境污染变量既可以作为经济活动的附加产品，也应该被视为兼具负外部性的非期望产出，与期望产出一并纳入具体测算过程当中，将非期望产出与期望产出进行有效的划分。在实际测算过程中，主流的方法主要有前沿分析法与非前沿分析法（郭庆旺和贾俊雪，2005），前者主要为 DEA-MML、SBM-Global 参比、SBM-相邻参比、Malmquist-Luenberger 指数等估算方法（李小胜和安庆贤，2012；李占风和张建，2018；胡鞍钢等，2008；陈诗一，2010；Managi and Kaneko，2006；Kaneko and Managi，2004；袁一仁，2019），后者主要为非前沿参数法，包括 C—D 层面投入产出函数以及超越对数测算法。随着方法的不断更替，随机前沿分析法又分为增长和算法（王小鲁，2000）、增长回归法和代理变量法三种测算方法。

2.1.2 绿色全要素生产率的影响因素研究

绿色全要素生产率考虑了环境污染排放的因素，是对传统全要素生产率的进一步丰富和拓展，能够更准确地反映经济发展的真实情况。绿色全要素生产率受宏观和微观两个层面的影响。现有研究在指标选择、研究方法、研究对象等方面的侧重点各不相同，导致对绿色全要素生产率增长的影响路径的研究没有得出准确结论。但从国内外文献的归纳与总结看，主要从环境规制、金融发展、对外开放、产业集聚等角度出发，考察其与绿色全要素生产率之间的影响关系。

（1）环境规制与绿色全要素生产率间的关系研究。张文卿等（2023）认为，不同环境政策工具以创新模式选择作为中介效应对绿色全要素生产率施加动态异质性影响，当环境政策工具的内源创新性激励效果逐渐增强时，对绿色全要素生产率的短期推动作用越弱，长期促进作用越强。赵明亮等（2023）认为，环境规制对资源型绿色全要素生产率具有显著的推动作用，其中，产业结构优化与外商直接投资发挥着正向中介作用，科技创新在环境规制与资源型绿色全要素生产率之间起到了间接抑制。胡雪萍和乐冬（2022）认为，环境规制与农业全要素生产率之间存在非线性影响，即环境规制的提升对农业全要素生产率具有推动作用，地区科技创新能力是环境规制推动绿色创新的关键中介，当地方政府的竞争越大时，环境规制对农业全要素生产率的影响越小，当地方政府竞争越小时，环境规制对农业全要素生产率的影响越大。王佩（2022）基于2018年实施的《环境保护税法》认为，税法的提出有效地促进了企业绿色全要素生产率，绿色技术创新在此过程中发挥中介作用。波特假说认为，恰当的环境规制可以促进企业进行技术创新，技术创新所带来的收益将会用于抵消因环境规制所带来的经济损失（Porter and Vander，1995）。何凌云和祁晓凤（2022）认为，环境规制强度对于企业绿色全要素生产率产生倒 U 形影响，成本效应、创新补偿以及能源配置效应成为影响企业绿色全要素生产率渠道，环境规制对于不同规模、不同所有权、不同污染水平企业的绿色全要素生产率存在差异性影响。袁嘉琪和卜伟（2022）认为，生产和研发部门产出补偿与创新补偿的相对大小会改变环境规制对行业之间要素投入与产出的影响，投入与产出两方面的综合效果对绿色全要素生产率产生影响。杨书等（2022）认为，投资型环境规制与绿色全要素生产率之间存在倒 U 形关系，并且这种影响存在空间异质性。戴魁早和骆莙函（2022）认为，环境规制和政府科技支持的联合实施对于促进地方工业绿色全要素生产具有长效机制，其促进作用既增强了环境规制的作用效果，又提升了政府科技支持的影响。尹礼汇等（2022）认为，命令控制型环境规制与市场激励型环境规制能够显著提升长江经济带制造业绿色全要素生产率，绿色技术创新与产业结构升级是环境规制与制造业绿色全要素生产率的渠道。刘伟江等（2022）认为，环境规制与绿色全要素生产率之间呈现倒 U 形关系，目前政府环境规制正处于拐点左侧，随着环境规制强度的提升，有助于促进中国制造业绿色全要素生产率技术进步的增长。Yuan 等（2017）发现，碳排放控制政策对于实验组行业绿色全要素生产率具有抑制作用。Qiu 等（2021）认为，环境规制与绿色全要素生产率之间存在 U 形关系。胡宗义等（2019）认为，排污征费这一政府环境规制政策与绿色全要素生产率之间存在 U 形关系，随着排污征费的提升，绿色全要素生产也呈现出先下降后上升的趋势。Blackmen（2009）认为，对哥伦比亚排污许可证的严格发放可有效提升环境规制的执行力度。

（2）金融发展与绿色全要素生产率之间的关系研究。根据金融功能的理论表达，在金融体系的支持下，技术创新具有与知识同样显著的外部性，可以实现资本边际收益的增加。随着金融体系的不断完善，生产力水平将不断提高（Kind and Levine，1993）。在熊彼特的增长模型中，金融发展解决了融资约束问题，决定了项目成功的概率，最终促进了绿色全要素生产率的提高。张莹莹（2022）认为，金融发展可以在规模和结构两个维度上促进绿色全要素生产率的增长，但在金融发展缓慢的地区，金融发展只能在结构维度上促进绿色全要素生产率的增长，研发投资是金融发展和绿色全要素生产率的渠道。Artur 等（2009）认为，金融自由化与金融开放程度是环境质量提升的关键要素。朱悦和张军涛（2022）认为，数字金融不但对绿色全要素生产率具有直接的促进作用，并且基于规模效应、技术效应以及结构效应，通过纠正资本错配、强化绿色创新和推动产业结构高级化等作用提升绿色全要素生产率。许钊等（2021）认为，数字金融泛化程度加深了对依托创业、创新与产业结构优化路径实现城市污染物减排的支撑作用。余进韬（2022）认为，数字金融对绿色全要素生产率具有显著的推动作用，并且这种推动作用表现出西部城市高于东中部城市。Clinment 和 Soriano（2011）认为，绿色金融在投融资决策等业务中将生态因素考虑在内，有助于社会资源投入引导至有利于环境保护与绿色发展的方向。Li（2020）认为，从保险、银行与证券三个维度考察金融发展对绿色全要素生产率的影响，得出金融发展在发展中国家与发达国家对绿色全要素生产率具有显著差异。谢东江和胡士华（2023）认为，绿色金融能够有效提升绿色全要素生产率，但对西部地区并未表现出显著影响。范欣和尹秋舒（2021）认为，数字金融发展提高了绿色全要素生产率，技术创新与地区创业作为数字金融影响绿色全要素生产率的路径。聂雷等（2021）认为，从城市群总体而言，随着金融深化水平的不断提升，绿色全要素生产率也会逐步提升，然而政府干预越多，则对于绿色全要素生产率的抑制越大。徐璋勇和朱睿（2020）认为，中国西部地区金融发展显著促进了绿色全要素生产率的提升，其中，绿色技术效率与绿色技术进步是西部地区金融发展促进绿色全要素生产率的关键路径。周五七和朱亚男（2018）认为，长江经济带金融效率对绿色全要素生产率具有促进作用，且长江经济带下游金融效率对绿色全要素生产率的促进作用显著高于长江经济带中上游，金融深化对绿色全要素生产率的促进作用不明显。王小腾等（2018）运用"一带一路"沿线国家金融结构、金融效率以及金融深化衡量金融发展程度，并研究金融发展对共建"一带一路"国家绿色全要素生产率的影响，认为从长期而言，金融深化与金融结构对绿色全要素生产率具有促进作用，然而金融效率的过度提升对绿色全要素存在负向影响。

（3）对外开放与绿色全要素生产率之间的关系研究。中国长期处于全球产业链的底端（吴福象和段巍，2017），由于利用国际直接投资的出现给中国带来较多高污染制造业，产生了庞大的能源损耗与环境破坏，阻碍了中国经济绿色发展（刘玉凤和高良谋，2019；夏友富，1999；Walter and Ugelow，1979）。汪克亮等（2022）认为，双向 FDI 对绿色全要素生产率具有显著的促进作用，并且产业结构升级是双向 FDI 与绿色全要素生产率之间的路径，双向 FDI 与产业结构升级对绿色全要素生产率的影响具有非线性特征。梁会君（2022）从研发投入结构错配视角研究了服务贸易开放影响工业绿色全要素生产率的阻滞与疏通机制，发现由于研发具有遮掩效应，导致技术促进的传导机制受阻，但是疏通效果具有行业异质性。FDI 对东道国的技术溢出通过规模效应、竞争效应、示范效应与人员流动等形式提高生产技术水平与生产效率（Gorg and Greenaway，2004；Blomstrom and Kokko，1998）。董有德和夏文豪（2022）认为，FDI 对绿色全要素生产率具有显著的负向影响，这种负向影响在地区呈现出东弱西强的特征，并且环境规制与技术吸收能力在 FDI 对绿色全要素生产率的影响中具有单一门槛效应。马广程等（2022）考察了双向 FDI 对绿色全要素生产率的影响，认为从双向 FDI 分别讨论，IFDI 会抑制绿色全要素生产率，OFDI 会促进绿色全要素生产率，综合考虑，双向 FDI 协调发展能够显著促进绿色全要素生产率的提升。申晨等（2023）通过对中国省域工业绿色全要素生产率、生产效率与治污效率进行测算，发现 OFDI 对三大效率的影响呈现出 U 形的非线性关系，并且短期而言，规模效应是抑制 OFDI 影响三大效率的关键，长期而言，结构效应与技术效应是 OFDI 促进三大效应的关键。李洪伟等（2022）通过共建"一带一路"倡议中主要内容建立共建"一带一路"国家绿色发展评价指标体系，研究发现共建"一带一路"国家绿色全要素生产率整体水平较低，共建"一带一路"倡议的实施使整体绿色发展效率出现下降趋势。邵军等（2020）基于 2000~2013 年城市面板数据对中国进口贸易与绿色全要素生产率之间的关系进行了探讨，研究发现，绿色全要素生产率整体水平较低，进口贸易对绿色全要素生产率呈现出东部与中部地区较为明显、西部地区并不显著的特征。Feng 等（2021）与 Yu（2015）认为，进口贸易不但可以直接提升中间投入品的多样性与产品质量，也会促进市场竞争与技术研发，最终推动绿色全要素生产率的提升。汪朝阳（2021）采用 1997~2017 年省域面板数据，运用随机前沿分析法与中介效应模型对中国外资开放与绿色全要素生产率之间的关系进行了探讨，研究表明，外资开放可以促进绿色全要素生产率，其中，绿色消费需求、产业集聚、创新能力与经济制度变迁是外资开放影响绿色全要素生产率的关键路径。

（4）产业集聚与绿色全要素生产率之间的关系研究。产业集聚是现代城市经济中的重要现象，对于区域经济发展起着至关重要的作用（张素庸等，2019）。高素英等（2023）基于京津冀 2006~2019 年面板数据，运用空间计量模型分析制造业与生产性服务业协同聚集对绿色全要素生产率的直接影响与空间溢出效应，结果表明，在政府外部干预的双重作用下，产业集聚与绿色全要素生产率之间呈现出倒 U 形关系，同时这种关系存在明显的空间溢出效应。此外，该研究还得出，产业协同集聚能够通过绿色技术效率与绿色技术进步作用于绿色全要素生产率。Marshall（1890）与 Jacobs（1969）认为，产业集聚外部性能够提升地区竞争力，进而促进经济增长，制造业集聚对全要素生产率具有负向作用。鄢曹政等（2022）基于 2016~2020 年省域面板数据，探析物流业集聚对中国农业绿色全要素生产率的影响机制，研究表明物流业集聚对中国农业绿色全要素生产率具有显著推动作用，且对相邻地区具有正向空间溢出效应。王亚飞等（2022）将农旅产业协同集聚纳入农业绿色全要素生产率的分析框架下，理论分析与实证检验了农旅协同集聚与农业绿色全要素生产率的关系，结果表明，农旅产业协同集聚推动了农业绿色全要素生产率的提升，且无论是农业技术进步指数还是农业技术效率，对农旅产业协同均具有促进作用，其中，农村迁移性和健康性人力资本水平在两者中发挥着正向调节作用，教育性人力资本水平发挥着负向调节作用。冯锐（2022）基于 2007~2018 年城市面板数据研究金融集聚与绿色经济效率之间的关系，结果表明金融集聚与绿色技术创新有利于推动绿色经济效率。Apergis 等（2007）、Bossone 和 Lee（2004）认为，就金融集聚与绿色经济方面而言，金融集聚可以有效提升经济效率，这种提升主要通过资本支持效应、资本配置效应、企业监督效应以及绿色金融效应影响绿色经济效应。纪玉俊（2021）认为，在制造业集聚绝对变迁的情况下，突出市场作用有利于绿色效率的提升，而在制造业集聚相对变迁的情况下，突出政府作用更加有利于绿色效率的提升。郭威和司孟慧（2021）采用 2005~2017 年省域面板数据，探究中国金融集聚对制造业绿色全要素生产率的影响，结果表明，银行、证券以及保险业等金融机构的集聚程度，对制造业绿色全要素生产率表现出倒 U 形的关系，其中，技术效率与技术进步是金融集聚影响制造业绿色全要素生产率的关键途径。张军涛等（2021）基于中国东部沿海城市 2009~2018 年面板数据，运用空间计量模型对地理邻近、信息邻近、交通邻近及其多维邻近情况下产业集聚对城市经济绿色发展的影响进行研究，结果表明，产业协同集聚与城市经济绿色发展存在空间相关性，并且邻近维度下产业协同集聚均可推动城市经济绿色发展。

2.2　数字经济发展水平的相关研究

2.2.1　数字经济发展水平的测算

Tapscott（1995）在《数字经济：网络智能时代的希望和危险》一书中，首次提出数字经济（Digital Economy）概念，认为在传统经济中，信息是以实物方式呈现的；在数字经济中，信息以数字方式呈现。并且指出数字经济具有数字性、知识性、虚拟性、即时性、脱媒性等 12 个特性。这成为学界广泛接受的主流定义（Goldfarb and Tucker，2019）。Apalkova 和 Tsyganov（2016）认为，数字经济的内涵包括了两大主要维度：一是数字技术；二是技术应用在生产和消费系统中产生的新的经济关系或生产方式。在中国，应用较为成熟的数字技术包括互联网、物联网、大数据、区块链等；而新的生产方式包括平台经济、共享经济、加密货币等（裴长洪等，2018；乔晓楠和郗艳萍，2019）。数字经济的理论概念较为抽象，难以直接运用于实证研究，大量研究关注了数字经济在现实中的界定，包括宏观、中观、微观三个层次。宏观层次关注数字经济发展与数字经济在国民经济中的规模占比。这方面以政府或国际组织研究为主：如 OECD 提出的 38 个指标体系（OECD，2014）；欧盟发布的五维度测算方法（European Commission，2015）；美国商务部提出三步骤测算方法（BEA，2017）。中观层次关注了数字经济的结构特征和产业部门生产率，相关研究包括蔡跃洲和牛新星（2021）、陈梦根和张鑫（2020）等。微观层次关注了数字技术在企业的应用，研究重点在于如何对技术进行量化与识别。由于缺乏直接数据，主要依托文本分析和机器学习的方法进行间接测算（Chen et al.，2019）。

通过对现有文献进行梳理与归纳发现，数字经济发展规模的测算主要有：

（1）卫星账户构建。屈超和张美慧（2015）最早提出建立 ICT 卫星账户的构想。杨仲山和张美慧（2019）通过分析研究数字经济发展现状，研究编制了数字经济卫星账户。然而，数字经济卫星账户的理论与实践研究目前仍处于初级阶段，局限于统计数据采集的困难，数字经济卫星账户并未在实践中得到过多应用。

（2）增长核算框架。即使用增长函数框架对数字经济规模进行测算，该方法的使用较为广泛，如中国信息通信研究院 2021 年发布的《中国数字经济发展白皮书》，使用增长函数核算衡量数字经济的直接贡献与间接贡献。彭刚等（2021）基于 SNA 视角对数字经济生产核算问题进行研究，结果表明，数字经济发展离不开数字技术与数字应用，并且两者之间内涵不同，数字经济相对应的生产核算既是对现有 SNA 的研究拓展，又具有一定的突破。蔡跃洲和牛新星（2021）基于数字经济的渗透性、替代性以及协同性三个方面，通过"替代效应"与"协同效应"对数字经济所创造的价值进行梳理，将数字经济的内涵界定为数字产业化与产业数字化，运用国民经济核算、增长核算以及计量模型分析等方法，对数字经济增加值规模进行测算。

（3）投入产出法。即通过构建投入产出模型对数字经济进行测算。马丹等（2022）从中间投入的视角，利用投入产出表对各部门数字化程度进行测算，运用多层次分解模型，从数字化程度变化的直接效应与间接效应双重维度，将数字经济分解为数字产业化、产业数字化、产业间结构调整、产业内结构调整等部分，从理论与实证研究微观数字化程度对产品质量的影响。项松林和田容至（2022）基于世界投入产出数据测算制造业投入数字化水平，检验数字化投入对制造业全球价值链分工地位的影响。刘波和洪兴建（2022）通过运用增长核算框架对 2001～2020 年中国不同行业数字化程度进行了测算，并且采用泰尔指数及其分解的方法对产业数字化程度的行业差异与动态演化进行分析，如投入产出模型下不同行业之间的经济关联。

对于数字经济发展水平的测算，也有一定的研究成果。金灿阳等（2022）结合模糊集合思想从数字基础设施、数字创新、数字治理、数字产业化、产业数字化五个维度构建数字经济发展水平测度的综合评价指标体系，运用逐层纵横向评价法对省域数字经济发展水平进行测算。李言和毛丰付（2022）基于中国数字产业企业层面数据，将数字产业划分为数字硬件产业、数字软件产业与数字基础设施产业，利用泰尔指数分析数字产业发展的差异，并运用偏离度指数分析数字产业发展与经济规模之间的关系。万晓榆和罗焱卿（2022）将数字经济发展水平从数字基础设施、数字产业与数字融合三个维度构建指标体系，测度中国2015～2018年数字经济发展水平，并且通过计量模型实证检验数字经济与全要素生产率之间的关系。盛斌和刘宇英（2022）基于数字基础设施、数字产业与数字治理三个维度的54项子指标构建中国省域数字经济发展水平指数，并研究了数字经济发展水平的空间分布差异与动态演进。王娟娟和佘干军（2021）将数字经济发展水平从数字基础、数字产业和数字环境三个维度构建指标体系。范合君（2020）选取2015年与2017年数字化相关数据作为研究样本，通过生产数字化、消费数字化、流通数字化以及政府数字化四个维度共计23个子维度构建数字化发展程度指标体系，运用主成分分析法与专家打分法对其进行测算，并且对中国省域数字化水平以及子维度指标变化情况进行比较评估。刘军等（2020）对数字经济进行内涵解读后，从信息化发展水平、互联网发展与数字交易发展三个维度构建中国省域数字经济发展水平评价指标体系，研究数字经济发展状态，并基于SAR模型对数字经济驱动因素进行系统分析。

2.2.2 数字经济的经济社会效益

数字经济作为一种新兴经济形态与经济学概念，对于宏观经济运行的影响以及对现有经济学范式的突破是全方位、多层次和极具渗透性的。数字经济为传统经济发展开辟了一条更方便、更快捷、更加有效的通道。同时，数字经济利用人工智能、大数据、云计算等信息技术的市场化，与传统实体经济进行充分融合，不断催生出经济新业态、新发展、新模式，利用数字产业化的特性，将制造业智能化、服务业数据化以及农业智慧化，将经济发展提升到新的高度。关于数字经济对就业、消费、经济发展、贸易以及产业结构等领域所产生的社会经济效益，目前学术界展开了较为翔实的研究。

（1）数字经济发展对劳动力就业所产生的经济效益。高质量就业是改善和保障民生的关键，扎实推进实现更加充分、更加高质量的就业在党的二十大报告、"十四五"规划等重要文件中被多次提及。张广胜和王若男（2023）基于工资议价理论，运用中国劳动力动态调查微观数据，探究数字经济发展对农民工就业的综合影响，研究发现，数字经济对农民工就业产生了积极影响，主要表现在工资收入、福利保障、工作稳定、工作强度等方面，因此，应该加强数字经济发展对农民工就业的积极作用，赋能乡村共同富裕。齐秀琳和江求川（2023）对数字经济与农民工之间的关系作了进一步的探讨，该研究运用 2011~2018 年中国流动人口动态监测调查数据与"宽带中国"进行匹配，将"宽带中国"政策视为准自然实验，研究发现，数字经济促进了农民工就业，"宽带中国"试点政策的推广使农民工就业提升了 1.78%，并且在新生代与低技能农民工中的促进作用最大，数字经济促进农民工就业主要是增进就业信息获取与催生出新就业岗位两个关键途径。林龙飞和祝仲坤（2022）利用 2017 年中国流动人口动态监测调查数据与城市面板数据进行匹配，采用腾讯研究院发布的"互联网+数字经济指数"对数字经济进行测算，研究数字经济对农民工就业的影响，结果表明，当数字经济发展至中等水平时，数字经济对农民工就业具有显著的推动作用，其中对制造业、交通运输行业与居民服务业农民工高质量就业的促进效果更为明显。黄海清和魏航（2022）基于城市面板数据，运用主成分分析法测算了中国数字经济发展水平，探究数字经济对城市就业的影响，发现数字经济发展可以提升城市就业规模，并且数字经济通过"深化效应""广化效应""两种机制""创业活跃度"四条途径促进了城市就业增长。Lordan 和 Neumark（2018）认为，数字经济发展所带来的技术进步有效地保障了企业对不同劳动者的快速筛选，加速替代了低技能劳动者，从而对高技能劳动者的需求不断增加，使劳动力市场就业结构不断优化完善。赵新宇和朱锐（2022）基于中国劳动力动态调查数据发现，数字经济能够显著促进劳动力非正规就业，其中，劳动力熟练使用互联网、高学历以及拥有专业技能成为数字经济推动劳动力非正规就业的关键路径。陈志等（2022）运用省域面板数据探究了人工智能与中国高质量就业的促进效应，结果表明，人工智能可以有效促进中国高质量就业，并且相较于东部地区，中西部在这种关系中表现得更加明显。郭东杰等（2022）利用省域面板数据分析数字经济、产业结构升级与就业调整之间的关系，分析指出，数字经济不仅可以促进产业结构升级，也有利于就业水平的提升，随着数字经济的发展，显著提升了劳动力在高技术制造行业的就业占比，同时减少了地级市制造业的就业占比，有利于劳动力由低技术部门向高技术部门的转移。

（2）数字经济发展对消费领域所产生的经济效益。数字经济所催生的线上消费与生活各个领域密不可分，数字经济成为促进民众消费的主要驱动力，在一定程度上拓宽了民众消费渠道，改变了民众的消费模式与消费习惯，激发了城市居民的消费潜力，从而打通了国内国际大循环与拉动需求的重要作用。王青等（2023）基于 2011~2020 年省域面板数据，运用时点固定效应空间杜宾模型，研究数字经济对城市居民消费的影响，发现数字经济可以有效促进城市居民消费，并且在地理邻近上存在一定的空间溢出效应。刘湖等（2023）通过熵权法测算了数字经济发展水平，并与中国家庭追踪调查 2014~2018 年三轮调查数据进行匹配，运用固定效应模型研究数字经济发展水平对家庭教育消费支出的影响机制，发现数字经济与家庭教育消费支出之间呈现出显著的倒 U 形关系，数字经济在一定程度上通过助力家庭增收的方式促进家庭教育消费支出。笪远瑶等（2022）通过理论分析数字经济发展对居民消费的影响，并通过实证考察了两者之间的关系，发现数字经济发展可以显著促进居民消费水平的提升，进而推动产业结构升级，其中，信贷约束与流通便捷是数字经济影响居民消费的关键途径。詹韵秋等（2023）将中国省域层面数据与 CHFS 微观数据匹配，从消费水平与结构的双重视角出发，探讨数字经济对家庭消费的影响，发现数字经济对家庭消费总量、家庭发展与享受型消费占比均产生了显著影响，其中，网络购物是数字经济影响家庭消费总量以及家庭发展与享受型支出占比的关键路径。罗良忠等（2022）从区域一体化的视角出发，运用 SYS-GMM 模型分析数字经济对能源消费的影响，发现随着数字经济的不断发展，数字经济在一定程度上抑制了能源消费，其中，区域一体化在数字经济对能源消费量的影响中具有遮掩效应，在能源消费结构上具有中介效应。魏君英等（2022）利用熵值法与泰尔指数测算了中国省域层面数字经济与城乡消费差距，并对数字经济发展与城乡消费差距之间的关系进行实证检验，发现数字经济可以缩小城乡消费差距，其中，消费信贷的提升是数字经济影响城乡收入差距的关键途径。时大红和蒋伏心（2022）采用微观企业数据检验企业数字化转型对居民消费升级的影响，发现企业数字化转型能够促进居民消费升级，其中，企业效率与产品质量是二者之间的关键路径，进一步研究发现，高端产品的供给不足是制约居民消费升级的关键因素。

（3）数字经济发展对实体经济所产生的经济效益。实体经济指生产、销售和提供物质产品和精神产品相关服务的经济活动。尽管"实体经济"一词在经济战略和政策领域以及日常经济活动中被反复使用，但从理论层面严格定义实体经济并不容易。即使从实证的角度分析实体经济的内容或范围，不同的实证研究往往侧重点不同，也没有像统计意义上的实体经济似的具体指标。从现有文献来看，我们大致可以从两个角度对实体经济进行界定：一个是从虚拟经济的分化角度出发，侧重于经济史和理论的分析；另一个是从产业分类视角，可用于支撑实证统计分析（黄群慧，2017）。数字经济对实体经济产生经济效益的根本动力来自数字经济带来的技术创新，推动实体经济转型升级，为实体经济带来新的发展机遇，通过实现经济增长新旧动能的转换和业务流程的简化来促进实体经济发展（Brynjolfsson and Hitt，2000）。而且数字经济可以凭借互联网技术的优势，提高数据处理的效率，精准判断经济活动中的问题并为解决问题给出最优方案（胡鞍钢和周绍杰，2002）。在创新的基础上，数字经济在催生新产业的方面具有优势，能够促进产业结构更快地转型升级（张于喆，2018；王开科等，2020）。此外，有学者通过实证分析给出相反的结果，认为数字经济的发展对实体经济会产生负向影响或非线性影响（Fernald，2014；周小亮和宝哲，2021）。

近年来，数字经济规模不断增长，研究数字化和网络化是决定数字经济发展的主要动力因素，各省份数字经济与实体经济耦合协调度持续深化（郭晗和全勤慧，2022）。在数字经济与实体经济融合发展动力来源的基础上，学者发现，数字经济主要通过产业结构升级、规模经济形成和技术创新等动力机制影响区域实体经济发展（黄玉沛，2019）。数字经济显著促进我国实体经济发展，科技创新和人力资本是其重要的动力传导机制（胡西娟等，2022）。较多的研究以数据生产要素为切入点研究数字经济与实体经济融合发展的动力机制，但学术界因在概念界定、核心内涵和理论框架等方面难以达成共识（Farboodi and Veldkamp，2020）。

学术界对于数字经济与实体经济所产生的经济效应主要分为两个方面。①数字经济的发展丰富了实体经济的理论，延伸了实体经济的发展，改变了实体经济的创新模式。首先，数字经济与实体经济的深度融合并非数字经济在实体经济部门的简单体现，而是以数字化转型为基本、大数据为关键要素（Prahalad and Ramaswamy，2020）。其次，数字经济的发展为企业提供了大量个性化、小众化的需求被深度发掘，实体经济的发展空间被极大拓展（许宪春和张美慧，2020）。再次，为了满足消费者消费需求，生产者必须将价值创新由研发转向消费者与生产者之间的沟通，变革以往实体经济产业部门的固有运营模式（马永开等，2020）。最后，数字经济背景下，数据作为一种新兴的生产要素，重构了实体经济的要素体系，通过将传统资源与新兴技术进行结合，将不同部门、不同行业、不同领域的生产要素进行匹配，增强了实体经济的资源配置效率（姜松和孙玉鑫，2020）。②实体经济部门数字化转型必然要求加快对区域互联网基础设施的完善，实体经济的蓬勃发展也会对互联网的使用需求增加（钞小静等，2021）。实体经济部门新兴产业的发展高度依赖互联网平台，因而对互联网基础设施的需求增加（刘洋等，2020）。其他传统实体经济产业为了增强自身发展、实现转型升级，会试图突破固有的思维，提供更加优质的产品或服务，这些都是以新兴互联网为基础设施的高效运用为支撑的（张新红，2016）。

（4）数字经济在产业创新中所产生的经济效益。产业是一个中观概念，但产业创新目标包含了微观、中观与宏观三个层次（Freeman，2013）。在微观目标上，意味着科研机构与企业的技术产品创新；在中观目标上，意味着产业升级发展，包括传统产业转型与新产业诞生；在宏观目标上，意味着支持国家创新系统、推动经济发展、实现技术扩散（Lee and Park，2006）。产业创新由于产业的特点而具有一定特殊性。微观层面，新兴产业的高动态性带来更高的技术研发风险和外部性问题，降低了企业的研发激励（郭晓丹等，2011；吴绍波和顾新，2014）。中观层面，产业的前瞻性表明，无论是传统产业转型还是新产业诞生，都需要面临演进与发展（Gustafsson et al.，2016）。宏观层面，产业的战略性特点表明其与国家创新系统、技术扩散的紧密联系，需要将产业创新纳入更为宽广的视角考量。

相关研究主要关注数字技术对产业中企业创新或全要素生产率提升的作用（王开科等，2020），机制路径包括产业链协同、开放式创新等（余菲菲和王丽婷，2022）。一些研究注意到，数字技术往往伴随生产方式、组织模式的系统变革（戚聿东和蔡呈伟，2020），提出应从"技术"与"行动"两个维度全面分析数字经济对企业创新的作用（Nadkarn and Prügl，2021），暗示了数字经济在数字技术之外的作用。数字经济通过数据驱动、创新驱动、需求驱动和供给驱动等方式推动传统产业转型（焦勇，2020）。此外，数字经济自身的特点使得转型升级具有边际报酬递增的特点（李治国等，2021）。与之相关的研究较为充分。新兴产业中的新一代信息技术、生物计算等与大数据、云计算等数字技术紧密相关，并依托平台经济、区块链等形式实现产业链延伸、催生了新的产业（徐忠和邹传伟，2018；谢富胜等，2019）。数字经济推动产业结构高级化，放大了新兴产业创新对其他产业的带动作用。许多研究提供了数字经济与产业结构高级化之间的经验证据，其中，传统产业与新兴产业的融合发展、推动创新应用、新兴产业目标导向并瞄准前沿是主要实现路径（张于喆，2018）。数字经济强化新兴产业创新在国家创新系统中的作用，促进知识生产、知识转化与技术扩散。最新的研究揭示，该影响与大型国有企业等经济制度相关，并有助于发挥产业创新在发展中国家赶超战略中的作用（Rikap，2022）。

2.3 数字经济发展水平影响绿色发展的研究综述

绿色转型和经济可持续发展的根本在于经济、社会和环境的有机协调。随着以大数据、云计算、物联网、人工智能等新兴技术为代表的现代信息通信技术的快速发展和广泛应用，以及以互联网、大数据等技术为依托的"新零售""新制造"商业模式的不断催生，数字经济发展对绿色发展表现出显著的促进作用。具体而言，数字经济发展对绿色发展主要体现在以下三个方面：第一，企业绿色生产模式的构建；第二，政府环境监管模式的优化；第三，社会环保监督手段的完善（邓荣荣和张翱祥，2022）。

2.3.1 企业绿色生产模式的构建

企业作为环境污染防治的主体，可以在数据赋能、万物互联、智能驱动为主要特征的数字经济时代，有效地整合生活决策中各类信息资源，缓解数据获取、利用等方面存在的信息不对称，从而优化企业资源配置效率，减少资源浪费。当下，数字经济与污染物排放呈现出何种关系目前还没有定论，但以物联网、大数据、云计算和人工智能为代表的数字经济很可能成为解决能源与矿产资源利用与生活需求矛盾的关键。从企业层面而言，数字经济所衍生的数字技术是绿色创新、企业绩效和竞争优势的驱动力之一，数字技术有利于企业落实数字转型规划，将企业绿色发展整合到公司业务活动的绿色化中（Abdul et al.，2019）。数字技术的嵌入增强了物理空间与信息空间的相对融合，改变了企业管理决策方式，协助企业实现数据促进绿色创新模式的转变（刘意等，2020）。企业基于数字经济获取生产所需的相关数据，并对市场信息进行及时捕获，实现供需精准匹配；利用大数据分析技术综合考虑产能、物料和劳动力匹配，形成企业规模生产，实现对制造资源的供需匹配和合理配置。从而有利于实现对生产资源的供需匹配和合理调度，有利于实现对能源供给的动态调整和实时监测，提高能源利用效率，实现污染减排。同时，基于大数据建立资源管理系统与产能分析模型对现有制造设备和技术进行数字化升级，优化工艺参数和设备升级，提升产能利用效率（苗效东等，2023）。企业借助物联网，建立地区云生产线，生产制造由以往的信息获取短缺转化为信息网络布局，由企业为中心的组织生产向以产品为中心的生产过渡，产业组织从垂直架构向网络协同转变，形成新的新兴竞争协同关系，从而提升了资源配置效率，推动了企业全要素生产率。

根据生态现代化理论的阐述，数字经济能够促使数字技术与智能科技在企业传统产品中的应用，提升工业制造流程的信息化与智能化，从而实现传统产品按照生态优先升级，促使企业绿色转型升级（周雪峰等，2022）。为了实现企业绿色转型升级，需要企业采取不同的措施以及数字优化方案，根据绿色可持续发展理论与环境库兹涅茨曲线理论的观点，数字经济发展是当今社会经济发展的新引擎，而绿色发展模式则被视为企业减少环境污染的重要抓手，数字经济发展需要促使企业采用绿色发展模式，从而提升整体绿色经济发展质量（申明浩和谭伟杰，2022）。在数字经济发展过程中，数字基础设施作为数字经济的根本支撑，反映了地区之间数字化网络水平的构建，企业通过高效连通的数字化网络，可以实现企业绿色发展模式的外溢效应（薛成等，2020；De Faria et al.，2010；Dolireux and Porto，2016；王锋正等，2022）。信息不对称影响企业决策与宏观经济行为，基于信息理论，数字技术的外延通过提供信息碰撞，扩展了交流和传播的新途径，既有助于企业传递有价值和高质量的真实信息，又有利于企业在海量信息中甄别和筛选出有效信息，从而增强信息透明度，促使企业向绿色生产模式转变。数字技术应用强调信息系统中信息交流和综合集成，使瞬间信息加工与信息传输成为可能，并低成本地集中的筛选出有潜在价值的信息（党琳等，2021）。这促进了创新主体间的知识传播与思想碰撞，增强了获取信息的能力，实现了多渠道的信息整合，推动了企业绿色发展模式（成琼文和丁红乙，2021）。数字技术的应用，一方面强化了互联网主体在信息网络中的弱链接状态（鲁若愚等，2021），企业不仅可以通过互联网平台等数字经济衍生品充分链接各主体的创新活动，实现企业绿色生产模式的高级发展。另一方面增强了组织与个体的信息检索，及时整合内部信息，加快资源流动，实现知识复刻与信息低成本互通，破除了信息传递的屏障，增强了信息的传播能力，有利于企业低成本构建绿色发展模式（陈国青等，2020）。

2.3.2 政府环境监管模式的优化

根据市场理论分析可知，市场的不完全竞争、负外部性所导致的市场失灵使可持续发展对经济活动的依赖程度减少，政府能够缓解企业资源配置扭曲的情况，在实现可持续发展中发挥积极作用。因此，环境污染减排受制于政府干预，然而数字经济发展能够为政府环境监管模式优化主要体现在以下三个方面：第一，数字经济通过数字化手段构建数字监管与分析系统，能够协助政府实现数字化监管，尤其是污染物排放、产能损耗等环境问题的实施监管。第二，借助数字技术创新政府监管形式，能够有效推动政府对各类资源进行合理统筹，全面优化政府环境监管模式。第三，有效的制度供给能够构建企业绿色发展模式，政府作为制度供给的主体，能够基于数字经济全面感知企业与社会公众切实的环境需求，建立健全的绿色发展体制机制（韩晶和陈曦，2022）。

在信息化与大数据快速发展的情况下，数字经济作为一种新的技术工具与资源被引入政府环境治理理论研究中，现有学者认为，数字经济发展能够显著改善政府治理效率问题（赵云辉等，2019）。数字经济所衍生的数据收集与快速处理的能力，通过计算和匹配分析，能够快速、清晰地识别政府环境监督人员少作为、慢作为、不作为与假作为的现象，实现对政府公职人员的社会监督，从而杜绝政府与企业之间环保腐败行为的发生（陈刚等，2008；许欢和孟庆国，2017）。数字经济发展为政府环境监管提供了新的技术支撑，促进了环境治理中多机构的协同治理，丰富了环境治理政策工具箱，进而提升了政府的环境治理效率（庞瑞芝等，2021）。

数字经济发展也可以通过以下途径提升政府环境监管的力度：第一，随着大数据、人工智能、互联网在城市中的广泛布局，促使地方政府环境监管进行数字化转型，实现了对企业污染源头、企业绿色发展情况、环境信息披露情况、全程化和智能化监管，有助于缓解政府与企业之间的信息不对称，提升了政府环境监管的效率。第二，数字经济引导跨层次数字化平台构建有助于政府环境监管更加趋于透明化，从而弱化地方政府与中央政府之间处理央地关系所产生的委托代理问题，进而倒逼地方政府更好地履行环境质量责任。第三，数字经济发展能够对地方政府环境监管进行数字化改造，有助于提升地方政府环境政策的科学性、合理性、及时性。第四，政府数字化转型能够削弱因腐败导致环境政策的执行不力，避免出现环境政策的扭曲，弱化地方政府对环境政策的严格程度与执行力度，促使政府环境监管模式的优化（孙慧波和赵霞，2022）。

2.3.3 社会环保监督手段的完善

相较于城市与企业，社会公众才是环境问题最直接的承受者，公众环境监管能够在最大程度上弥补环境污染治理过程中政府与市场的失灵；是环境污染治理过程中不可或缺的重要组成部分（宋妍和张明，2018）。然而，在传统的环境污染治理中，更为重视政府干预的外部作用，往往忽视了公众环境监管这种非正式环境诉求，使社会公众在城市环境污染治理中面临功能缺位与主体缺位。随着大数据、人工智能、物联网等的快速发展，公众对环境污染治理问题日益关注，这将推动公众参与成为数字经济赋能城市污染减排的重要组成力量，具体体现在以下几个方面：

第一，数字经济发展所衍生的数字媒体以及互联网传播广泛宣传绿色发展理念，可以唤起公众人与自然和谐共生的环保意识，进而引导社会环保监督力量主动参与到城市污染减排的工作中。相关文献也为此类研究提供了支撑，李万利等（2023）在"互联网+"的背景下探讨互联网与传统媒体融合对企业绿色创新的影响，研究发现，媒体环境报道对企业绿色创新形成了积极效应，其中，新闻媒体报道所引发的监管风险与公众舆论压力成为倒逼企业绿色技术创新的关键渠道。范琳珊等（2022）基于 2010~2018 年 83 起环境污染曝光事件，利用投资者网络互动平台，发现新媒体可以显著降低信息传染效应。武照亮等（2022）基于内蒙古 298 份企业问卷调查数据，实证分析公众压力对企业环境信息评级的影响，发现公众压力对环境信息评级具有正向影响，新闻媒体压力最强，其次是行业协会压力，而居民投诉压力影响偏低。

第二，互联网实时发布的空气、水等环境质量信息能够有效保障公众的环境知情权，为公众参与城市环境污染减排提供信息保障，平衡了政府对环境信息的管理权、政府公开环境信息的能力与公众环境知情权之间的关系，极大提升了公众的环境科学素养（严厚福，2017）。

第三，数字经济能够改善、优化公众投诉和监督机制，为公众根据自身环境诉求积极参与政府决策提供有效途径（韩晶和陈曦，2022）。相关学者对此也做了较为充分的研究。李欣等（2022）基于中国工业企业数据库、中国工业企业污染排放数据库与专利统计数据库，将百度环境搜索指数与企业微观数据进行匹配，检验公众环境诉求与环境污染的关系，发现公众环境诉求有效地抑制了企业污染排放，并且公众环境诉求加大了政府环境规制，进而影响了企业污染排放。张宏翔和王铭槿（2020）运用空间杜宾模型结合直接效应与间接效应检验中国省域公众环保诉求对地方政府环境规制的空间效应，发现公众环境诉求对环境规制监管、收益具有正向促进效应，但对环境规制支出的影响有限。

2.4　文献评述

本章系统梳理了数字经济发展与绿色全要素生产率相关的文献综述，尝试明晰前沿文献研究现状，为后续理论分析与实证检验提供经验支撑。总之，现有研究对于数字经济发展水平的测算、影响因素、社会经济效应以及对绿色发展的影响均进行了深入分析，为本书的开展提供了丰富的文献支撑，但依然存在若干不足以进一步深入的空间，具体而言：

第一，现有研究缺乏基于数理模型推导的理论研究。目前，对于数字经济发展水平的研究大多基于定性分析，缺乏从数理模型进行理论分析。事实上，环境经济学领域对环境污染研究大多基于经验考察，鲜有进行数理建模的分析，而对于数字经济发展水平对提升绿色全要素生产率的理论建模更为少见。本书在理论层面，将数字经济发展水平与绿色全要素生产率引入内生经济增长模型中，探讨二者之间的数理关系。

第二，样本选取、区域特征、测算方法的差异造成同一主题结论的多样性。现有文献对绿色全要素生产率进行测算主要将非期望产出列为工业二氧化硫、烟尘以及工业废水排放，但对于致力于"双碳"目标实现的今天，非期望产出应加入工业二氧化碳排放强度，并在实证检验过程中谨慎选取样本及计量方法，多角度、多维度、多口径进行检验，以保证研究结论的可靠性。

第三，现有文献重点关注正式环境规制或者非正式环境规制下公众环境关注度的环境治理效应，在绝大多数文献肯定社会环保监督积极作用的同时，一些文献判定社会环保监督对环境规制支出的影响有限，对企业绿色成本支出可能存在挤出，因此，作为非正式环境规制下公众环境关注度的作用并不明确。

第四，现有研究忽视了政府环境规制、经济增长目标、人力资本、城市创新创业等不同属性特征对数字经济发展水平影响绿色全要素生产率提升效应的调节作用。此外，更未能从微观和宏观两个层面系统考察数字经济发展水平对绿色全要素生产率影响的传导机制。

第3章 数字经济发展水平影响绿色全要素生产率的理论研究

前文从不同角度对数字经济与绿色全要素生产率的文献进行了梳理，指出数字经济发展水平可能成为促进绿色全要素生产率的重要因素。但数字经济发展水平到底如何影响绿色全要素生产率以及传导路径是什么仍需进一步的研究。为此，本章在文献综述的基础上，试图从理论层面推导数字经济发展水平与绿色全要素生产率的关系以及何种因素成为数字经济发展水平影响绿色全要素生产率的传导路径。

3.1 数字经济发展水平影响绿色全要素生产率的理论基础

众所周知，劳动力、资本、技术进步是推动经济增长的关键因素。但是，一方面，随着中国在内的诸多中等收入国家进入老龄化的趋势逐渐加快、人口红利逐渐消失、劳动力供给不足越发明显。另一方面，中国的城镇化进程的范围及规模逐步扩大，工业生产所需要的土地、能源和原材料等生产要素的约束越来越紧张。因此，过度依赖以传统生产要素驱动经济增长的方式是不可持续的，要探索技术进步在经济发展过程中的主要作用。数字经济作为一种技术革命，在跨时空信息传播、获取和应用方面具有独特的优势，作用于社会生产与经济生活的各个领域，通过社会生产要素的网络化共享、集约化整合、高效化使用来提升经济运行效率，促使传统生产要素摆脱了高投入、高耗能和高污染的粗放式发展模式，从而将数据作为关键生产要素，大幅度降低了传统工业生产对有形资源与能源的依赖，在加快了要素结构调整的同时，提升了要素利用效率。数字经济的不断发展，不仅是传统生产要素变更，更是将各地区间信息、数据、技术和人才的流动壁垒大幅度降低，使政府能够对环境质量、污染物排放、水污染情况以及环境承载能力等进行实时动态监测，并通过溢出效应和示范效应倒逼企业进行绿色转型，最终实现绿色全要素生产率的提升（朱洁西和李俊江，2022；Shin，2015）。

此外，数字经济作为一种新经济模式的出现，拓展了生产可能性边界，改变了以往经济活动中规模经济的局限（荆文君和孙宝文，2019）。一方面，通过提高企业生产效率并降低对环境资源的过度依赖，在加快地区要素结构调整的同时，数字经济通过带来新的生产要素投入、改善资源配置效率以及提高全要素生产率促进了经济增长，进而提高了绿色全要素生产率。另一方面，数字经济本身的发展催生出互联网、人工智能和数字遥感等一系列技术创新，并且加快了数字技术的空间溢出效应与空间扩散效应，增强了城市与城市之间经济活动的广度与深度，催生出共享经济、远程医疗、线上教育、平台经济等新产业、新业态和新模式，最大限度缩短了交易路径，实现了消费者与生产者之间沟通的快捷性与便利性，加快了产品匹配与交易（肖旭和戚聿东，2019），有利于规模经济效应的形成，从而进一步提升了绿色全要素生产率。

3.2 数字经济发展水平影响绿色全要素生产率的理论模型

本书在 Romer（1990）内生经济增长模型的理论框架下，主要借鉴彭水军和包群（2006）、曹振祥（2022）的研究思路，通过构建四部门内生经济增长模型分析数字经济发展水平与环境污染之间的关系，为探讨数字经济发展水平影响绿色全要素生产率提供理论依据。采用内生经济增长模型为主要依据，从生产要素的构成而言，数字经济与实体经济深度融合发展使得知识与信息成为促进经济增长与释放经济活力的核心要素。因此，将数字经济发展水平内生化，进而构建具备环境约束与数字化转型的五部门内生经济增长模型，并通过理论求解分析数字经济与环境污染的作用机制，可为数字经济发展水平影响绿色全要素生产率提供数理支撑。

3.2.1　模型基本假设

假设一个封闭经济，经济体存在五个部门：研发部门、人力资源开发部门、数字化部门、中间产品生产部门以及最终产品部门。在整个经济体中，存在大量的同质个体，每个个体既是消费者又是生产者。为了简化模型分析，不考虑人口的增长，并将人口规模标准化为 1，从而在经济体中所有加总变量又可以解释为人均量。其中，假设人力资源的共计不具有弹性，人力资本的作用途径有四种：H_N 部分将进入研发部门从事技术创新活动；H_Y 部分将直接用于最终产品的生产；H_H 部分将投入人力资本开发部门，参与人力资本的开发与积累；H_D 部分将用于数字化部门，参与数字化部门的数字化转型工作。其满足的基本条件假设为 $H=H_N+H_Y+H_H+H_D$。数字化的作用途径也有四种：D_Y 部分进入人力资源开发部门，为人力资源开发部门提供人力资源开发所需的数字化服务；D_A 部分进入研发部门，提升科技研发的效率；D_H 进入最终产品生产部门，提升产品的数字化水平；D_D 部分进入数字化部门，用于数字化部门的自身发展与升级。其满足的基本假设条件为 $D=D_Y+D_A+D_H+D_D$。

3.2.1.1　生产函数

（1）最终产品部门。假设生产的最终产品的技术为不受时间影响的柯布道格拉斯技术规模收益不发生变化。同时将污染强度 Z 引入生产函数，用污染强度衡量现有技术污染程度，$Z \in [0, 1]$。当 $Z>1$ 时，表明产出高于其潜在产出，即使用更为清洁的技术为单位投入得到的产出增加；当 $Z<1$ 时，表明产出低于其潜在产出，即使用更为清洁的技术为单位投入得到的产出减少；当 $Z=1$ 时，得

到最大产出值（或潜在产出）。在此基础上，将数字化 D_Y 引入生产函数中，因此，最终产品部门的总量生产函数为：

$$Y = A_Y K^\alpha H_Y^\beta D_Y^\varepsilon Z \tag{3-1}$$

式中，生产部门的产出 Y 由技术进步 A_Y、物质资本存量 K、人力资本积累 H_Y、数字化程度 D_Y 和环境污染强度 Z 相乘得出。其中 $\alpha > 0$，$\beta > 0$，$\varepsilon > 0$，$\alpha + \beta + \varepsilon = 1$。

（2）中间产品部门。为了模型简便起见，假设一旦新产品研发出来，每单位中间产品 $x(i)$（$i \in [0, N]$）需要消耗一单位的最终产品 $y(i)$，那么：

$$x(i) = y(i) \tag{3-2}$$

物质资本总量设定为：

$$K = \int_0^N x(i)di \tag{3-3}$$

在一个固定时刻，经济体中物质资本存量的净增加值等于总产出 Y 减去总消费 C。因此，物质资本的积累方程：

$$\dot{K} = Y - C \tag{3-4}$$

（3）人力资源开发部门。根据 Lucas（1988）的研究，将人力资本生产函数设定为：

$$\dot{H} = \delta_H H_H D_H \quad \delta_H > 0 \tag{3-5}$$

式中，$\dot{H}$ 为人力资本的增量；$\delta_H > 0$ 为人力资源开发部门的生产效率；H_H 为投入人力资源开发中的人力资源投入数量；D_H 为数字化部门为人力资源开发部门进行数字化转型，用于提升人力资源开发部门的人力资源扩充。据此，人力资源总量 H 满足条件：$H = H_Y + H_H + H_A + H_D$，那么积累方程可改写为：$\dot{H} = \delta_H D_H (H - H_Y - H_A - H_D)$。

（4）研发部门。根据 Jones（1995）对 Romer（1990）模型的改进，本书将研发部门的生产函数形式设定为：

$$\dot{A} = \delta_A H_N^\varphi A^\chi D_A \quad A_N > 0, \ 0 < \varphi < 1, \ 0 < \chi < 1 \tag{3-6}$$

式中，$\dot{A}$ 为技术知识增量，δ_A 为研发部门的生产效率，H_N 为投入研发活动的人力资本数量。D_A 是数字化部门用于研发部门创新活动中的数字转型，从而实现创新在各个部门流动，提升科技创新效率。χ 为技术知识的外部参数，$\chi > 0$ 表示技术知识的外部性越充分，科技创新率越高。

（5）数字化部门。数字化发展水平的提升取决于数字化部门的劳动力数量、生产工作效率 δ_D 以及数字化投入数量。因此，数字化部门的动态方程为：

$$\dot{D} = \delta_D D_D H_D \quad \delta_D > 0 \tag{3-7}$$

式中，$\dot{D}$ 为数字化部门的增量，表示数字化部门的业务成果。δ_D 为数字化部门的生产效率，H_D 为投入数字化部门的人力资本数量。假设数字化转型全部用于数字化部门、人力资源开发部门、研发部门以及最终产品部门，即 $D = D_Y + D_A + D_H + D_D$。则数字化转型的状态方程为 $\dot{D} = \delta_D (D - D_Y - D_A - D_H) H_D$。

（6）环境质量。环境质量是衡量绿色全要素生产率的关键指标，环境质量受到两方面因素的影响：一方面是非期望产出，当城市非期望产出增加时会导致环境质量下降，因此，如果 Z 表示污染强度，非期望产出会受到 Y 与 Z 的影响，$P(Y, Z) = YZ^v$，v 为环境标准执行的严厉程度，v 越大表明生产所带来的非期望产出越小；另一方面是环境的自洁能力，即污染物会通过水、大气、土壤等进行分解，从而实现环境质量的提升，环境自洁能力用 ϑ 自净率表示。

进一步假设当前环境质量 E_t 受到上期环境 E_{t-1} 的影响，据此，可以推出环境质量的动态方程为：

$$E_t = E_{t-1} - YZ^v + \vartheta E \quad \vartheta > 0 \tag{3-8}$$

于是，环境质量随时间变化的动态方程为：

$$\dot{E} = -YZ^v + \vartheta E \quad \vartheta > 0 \tag{3-9}$$

3.2.1.2　偏好函数

考虑人们的福利水平不仅取决于当前物质消费流，也取决于环境质量。因此利用综合的方法定义福利并借鉴 Dinda（2005）的研究，假设消费者在无限时域对消费 C 与环境质量 E 产生效用，并且有一个标准的固定弹性、加性可分效用函数：

$$U(C, E) = \frac{C^{1-\sigma} - 1}{1-\sigma} + \frac{-\left[(-E)^{1+\omega} - 1 \right]}{1+\omega} \quad \sigma > 0 \text{、} \omega > 0 \tag{3-10}$$

式中，$U(C, E)$ 为每时刻福利的瞬时偏好函数；σ 为编辑效用弹性参数，是跨期替代弹性的倒数；ω 为生态环境偏好程度。

3.2.2 数理模型求解

地方政府的预期目标是在经济增长与环境质量约束下最大化消费者的跨期效用，即求解如下动态最优控制问题：

$$\max_{C、H_Y、D_Y、H_A、Z} \int_0^\infty U(C_t,\ E_t)e^{-\rho t}dt$$

s. t. $Y = A_Y K^\alpha H_Y^\beta D_Y^\varepsilon Z$

$\dot{K} = Y - C$

$\dot{H} = \delta_H D_H H_H$

$\dot{D} = \delta_D D_D H_D$ (3-11)

$\dot{E} = -YZ^\upsilon + \vartheta E$

$\dot{A} = \delta_A H^\varphi A^\chi D_A$

定义 Hamilton 函数 J 为：

$$J = U(C_t,\ E_t) + \lambda_1(Y-C) + \lambda_2[\delta_H D_H(H-H_Y-H_A-H_D)] + \lambda_3[\delta_D(D-D_Y-D_A-D_H)H_D] + \lambda_4(\delta_A H_A^\psi A^\chi D_A) + \lambda_5(\vartheta E - YZ^\upsilon) \quad (3-12)$$

式中，K、H、D、A、E 为动态变量，λ_1、λ_2、λ_3、λ_4、λ_5 为 Hamilton 乘子，C、H_Y、D_Y、H_A、Z 为控制变量。最大化一阶条件为：

$$\frac{\partial J}{\partial C} = 0 \Rightarrow C^{-\sigma} - \lambda_1 = 0$$

$$\frac{\partial J}{\partial H_Y} = 0 \Rightarrow \lambda_1 A_Y K^\alpha \beta H_Y^{\beta-1} D_Y^\varepsilon Z - \lambda_2 \delta_H D_H - \lambda_5 A_Y K^\alpha \beta H_Y^{\beta-1} D_Y^\varepsilon Z^{1-\upsilon} = 0$$

$$\frac{\partial J}{\partial H_A} = 0 \Rightarrow -\lambda_2 \delta_H D_H + \lambda_4 \delta_A^\psi H_A^{\psi-1} A^\chi D_A = 0 \qquad\qquad (3-13)$$

$$\frac{\partial J}{\partial D_Y} = 0 \Rightarrow \lambda_1 A_Y K^\alpha H_Y^\beta \varepsilon D_Y^{\varepsilon-1} Z - \lambda_3 \delta_D H_D - \lambda_5 A_Y K^\alpha H_Y^\beta \varepsilon D_Y^{\varepsilon-1} Z^{1-\upsilon} = 0$$

$$\frac{\partial J}{\partial Z} = 0 \Rightarrow \lambda_1 A_Y K^\alpha H_Y^\beta D_Y^\varepsilon - \lambda_5 A_Y K^\alpha H_Y^\beta D_Y^\varepsilon(1-\upsilon)Z^\upsilon = 0$$

推导欧拉方程为：

$$\frac{\partial J}{\partial K}=\rho\lambda_1-\dot{\lambda}_1 \Rightarrow \dot{\lambda}_1=\rho\lambda_1-\frac{\alpha Y}{K}(\lambda_1-\lambda_5 Z^v)$$

$$\frac{\partial J}{\partial H}=\rho\lambda_2-\dot{\lambda}_2 \Rightarrow \dot{\lambda}_2=\rho\lambda_2-\lambda_2\delta_H D_H$$

$$\frac{\partial J}{\partial D}=\rho\lambda_3-\dot{\lambda}_3 \Rightarrow \dot{\lambda}_3=\rho\lambda_3-\lambda_3\delta_D H_D \qquad (3-14)$$

$$\frac{\partial J}{\partial A}=\rho\lambda_4-\dot{\lambda}_4 \Rightarrow \dot{\lambda}_4=\rho\lambda_4-\lambda_4 \chi \delta_A H_A^\psi A^{\chi-1} D_A$$

$$\frac{\partial J}{\partial E}=\rho\lambda_5-\dot{\lambda}_5 \Rightarrow \dot{\lambda}_5=\rho\lambda_5-\lambda_5\vartheta-(-E)^\omega$$

用 $g_x=\dot{x}/x$ 表示随意变量 x 的增长率，根据式可以得出 $-\sigma g_c=g\lambda_1$，通过对式（3-13）进行求解可以得出：

$$g\lambda_1=\rho-\frac{\alpha Y}{K}\left(1-\frac{1}{1-v}\right) \qquad (3-15)$$

$$g_c=\frac{1}{\sigma}\left(\alpha\frac{Y}{K}\frac{v}{1+v}-\rho\right)=\frac{1}{\sigma}\left(\alpha\frac{v}{1-v}A_Y K^{\alpha-1}H_Y^\beta D_Y^\varepsilon Z-\rho\right) \qquad (3-16)$$

由此可知，在稳态增长下，动态变量 Y/K 以相同的速度增长，$g_c>0$。意味着当人力资本、技术进步、数字化转型程度的增长速率高于物质资本时，就可以抵消非期望产出所带来的环境污染强度 Z 的下降，那么 $\alpha\frac{v}{1-v}A_Y K^{\alpha-1}H_Y^\beta D_Y^\varepsilon Z$ 保持不变，从而实现可持续发展。变量 Y、K 和 D 具有相同增长率，即 $g_D=g_K=g_Y$ 为常数，由数字化部门方程可知，$gD=gD_D=gD_H=gD_Y=gD_A$ 为常数。

$$g_D=-\rho\left\{\left[1-(\delta_H-1)\frac{\delta_D}{\delta_H}\right]\left[\frac{1}{\varepsilon\psi}+\frac{(\omega+\sigma)(1+\vartheta)}{\varepsilon\psi(1-\alpha)(1+\omega)}\right]-\beta(1-\sigma)(1-\chi)\right\}^{-1} \qquad (3-17)$$

$$g_E=\frac{(1-\sigma)}{(1+\omega)}g_D \qquad (3-18)$$

经济处于最优增长路径时有 $g_D>0$。由于 $0<\sigma<1$，$0<\vartheta<1$，$\varphi>0$，则 $g_E>0$，环境质量的稳态增长率为正值。由此可知，在数字化转型的驱动下，使得环境质量的增长率随着时间显著增加，减少了绿色全要素生产率中非期望产出的增加。从根本上提升了绿色全要素生产率。

综合以上分析，本书提出假设 1：数字经济发展水平能够推动绿色全要素生产率提升。

3.3　数字经济发展水平对绿色全要素生产率影响路径的理论分析

由上述理论基础与数理模型分析可知，数字经济发展水平可以促进绿色全要素生产率。在此基础上，数字经济发展水平对绿色全要素生产率的影响路径为何？这是一个需要进一步厘清的问题。为此，本节将从微观与宏观两个层面理论探究数字经济发展水平促进绿色全要素生产率的内在机制问题。

3.3.1　绿色技术创新的微观路径

内生增长理论将经济增长的主要动力归结为知识积累所支撑的创新活动（Barro，1994；Benhabib，1991），而信息化生产与传播效率对社会知识积累有至关重要的作用。数字经济通过跨时空的信息传播，促进了信息的处理与整合，使每个经济个体都可以享用数字化带来的信息，并对信息进行整合和加工。在信息分享的过程中，社会人力资本不断积累，促进了社会技术创新。技术创新对于绿色全要素生产率的影响已经得到了 Liu 等（2016）、钱娟和李金叶（2018）、李廉水和周勇（2006）等的证实，技术创新能够通过提升资源利用率、生产效率促进企业生产技术、节能技术和环保技术的升级，从而缓解以往粗放式的生产模式。数字经济作为一种技术媒介，将消费者、生产者、研发机构通过互联网平台建立联系，带来经济体的科技创新。相较于传统研发，三者很难进行有效沟通。数字经济的发展为沟通提供平台，提高了创新活动的匹配效率，生产者与外部资源关系不断加强，技术合作与研发合作的机会也逐渐增加，促进了绿色生产技术和污染治理技术的改进与推广，进而推动了企业绿色发展的新模式（石大千等，2018；郭家堂和骆品亮，2016）。

企业进行绿色技术创新研发，需要对信息与资源进行不断整合。随着数字经济的不断发展，数字化赋能企业业务实践，不仅提升了信息共享能力，还优化了资源的配置效率，通过借助数字技术对现有流程、组织架构的不断优化，促进了企业绿色技术创新（肖静等，2022；Yoo et al.，2012）。企业绿色技术创新并不是一个内生的过程，需要聚集大量外部资源与信息。资源基础理论认为，企业由大量外部资源构成，企业经营战略的制定与竞争优势的获取依附于其对资源的获取与利用，然而管理者通过决策配置部门间资源，企业资源的异质性、稀缺性以及不完全流动性成为企业持续竞争的关键因素（林妙昕等，2022；Barney，1991）。因此，为了突出企业持续性竞争，实现数字化转型成为关键。数字经济的发展加大了基层管理幅度，减少了企业中层管理者，使绿色创新组织趋于扁平化，进而提升了绿色技术创新（Hack and Berg，2014）。另外，数字经济可以作用于绿色技术创新的业务流程中，例如，计算机辅助设计系统、政府供应链管理系统、生产控制系统得以应用，使得企业绿色技术创新的工艺设计、采购、制造与销售等流程能够紧密连接（冯迪和马慧子，2015）。

　　综合以上分析，本书提出假设 2：数字经济发展水平能够通过企业绿色技术创新水平推动绿色全要素生产率提升。

3.3.2　产能利用效率的微观路径

　　就企业经营而言，数字经济的发展能够带动企业通过供应链数字化实现由生产制造阶段延伸到包括生产、经营、销售和上中下游供应链在内的整体系统。就产品的整体生产流程而言，随着数字经济与实体经济的深度融合发展，数字经济已经从简单的生产加工环节扩展到产品流通、销售乃至整个生命周期（黄群慧，2014）。由此可见，数字经济的发展有助于企业在生产过程中向柔性化、网络化、平台化不断发展，并通过建立工业物联网，促使生产过程优化，提升产能利用效率（金碚，2014；史丹，2018）。此外，数字经济发展有利于企业在管理中引入高效管理的概念，促使企业能够基于制造流程中获取数据并对数据进行分析与反馈，及时安排和调整制造方案，优化产品库存，避免出现产能过剩，进而提升产能利用效率（Rizzoli et al.，2015；刘慧和白聪，2022）。

根据双重委托代理理论分析方法，由于信息具有不对称性，代理人出于个人私利动机，会忽视资本配置效率与企业价值，将产能配置到利于自身发展而不利于企业发展的项目中，从而造成企业出现过度投资或者资源利用效率低下的状况，进而形成微观的企业产能过剩（何小钢和朱国悦，2021）。然而，随着数字经济在城市当中快速发展，众多企业顺应数字经济的发展趋势，借助于新技术进行数字化转型，这被认为可以有效缓解信息不对称（孙帆和杜勇，2022）。一方面，数字经济的发展使得企业组织架构逐渐趋于扁平化，降低了企业内部信息不对称性，信息化程度较高的企业可以实现更多、更好地利用先进数字化技术进行市场前期的调研与经济分析，不仅可以得到更为准确的信息数据，还能及时对市场进行判断，并且以此为基础进行投资，避免因投资而造成的资源浪费与产能过剩（王永进等，2017）。另一方面，数字经济的发展在企业生产经营中应用广泛，可以更加有效地向外界传递信息，从而降低信息的获取难度，增加信息的可利用程度以及强化信息的可靠性，降低企业管理者与控股股东自利产能配置，进而减少企业由于治理不当产生的产能过剩问题，提升产能利用效率（孙帆等，2022；谭志东等，2022；吴非和胡慧芷，2021；Warren et al.，2015）。然而，产能利用效率的提升对于节约资源、改善城市环境具有重要的作用，直接关系到企业的绿色转型问题。

综合以上分析，本书提出假设3：数字经济发展水平能够通过企业产能利用效率推动绿色全要素生产率提升。

3.3.3 交易成本的微观路径

科斯首先提出交易成本的概念，认为交易成本是为了获取市场中可靠信息所支付的费用以及谈判和契约费用（Coase，1960）。威廉姆斯（2002）提出，交易成本是经济系统在运行过程中应该支付的代价与费用，其中包含交易双方对交易信息的搜寻、谈判、缔约的费用以及在此过程中所产生的监督履行、处理违约责任的费用。诺斯（1994）提出，交易成本产生的主要原因在于商品与服务具有多重属性、信息不对称性与机会主义成本等。企业交易成本是双方合约的行使成本，这里面包含一切与人相关的生产成本，其驱动因素主要为有限理性、机会主义成本，不确定因素以及交易频率（石大千等，2020）。因此，结合交易成本理论，数字经济发展可以拓展有限理性、机会主义成本，不确定因素以及交易频率，从而驱动企业交易成本下降。

在拓展有限理性方面，随着数字经济迅速发展，推动了互联网技术与生产者的深度融合，增强了生产者之间信息互换与处理速度，提高了生产者信息共享程度。对企业决策者而言，可以充分收集企业内部各种信息，实时掌控企业的发展状态，并根据互联网技术对所获取的信息进行处理分析，从而拓展生产者的有限理性，减少由于个人认知偏差所产生的错误决策，实现资源的合理配置。在抑制机会成本主义方面，数字经济发展过程中为顺应数字化改造所带来的互联网基础设施建设，不仅反映了信息技术的延伸，还反映了人类思维、文化的延伸（何大安，2018）。数字经济的发展利用数字化技术将企业中工作人员信息纳入企业系统中，减少了内部人员的信息不对称性，增强了数字化系统合理调配作用，能够有效地降低内部人员投机行为，降低企业管理的成本。面对企业信息不确定方面，数字经济使得互联网技术应用更加广泛，增强了企业对市场情况的预判能力，信息传输渠道更加畅通，企业利用信息技术将销售与生产嵌入企业管理，实现信息快速传递，从而降低了企业生产过程中的不确定性，能够全面地洞悉当前市场，搜寻匹配的消费者，更加准确地分析市场供给与消费者偏好，及时促成规模经济；还能够具有针对性的定制客户不同的个性化需求，实施针对性的营销策略，降低企业运营成本。在提高交易频率方面，随着数字经济的不断发展，企业采用先进的信息技术对城市进行数字化管理，催生出智慧交通、数字金融、网上支付等便捷式交易环境，从而极大地提升了交易频率，在企业内部能够足不出户搜寻相匹配的客户信息，在网络上进行商业交易，进一步提高了交易频率，降低了线下交易所产生的额外成本（韩先锋等，2014；吴海民等，2015）。而企业交易成本的下降，一方面可以减少企业非生产性费用的支出，降低能源损耗和资源浪费，减少环境污染；另一方面可以提高企业资源配置效率，进而促进企业绿色转型（张三峰和魏下海，2019；刘乃全和邓敏，2021）。

综合以上分析，本书提出假设 4：数字经济发展水平能够通过降低企业交易成本推动绿色全要素生产率提升。

3.3.4 公众环境关注度的宏观路径

非正式环境规制指正式环境规制缺失、错位或强度较低情况下，公众自发或者组织团体等形式与污染企业、政府等有关部门进行磋商、谈判，从而达到环境治理、改善环境质量的目的（Wheeler，1996）。随着数字经济的不断深入发展，互联网技术不断的普及，除政府主导的环境规制方式外，另一种推动环境污染治理的力量便是公众环境关注度。当公众受教育程度以及环境质量要求越来越高时，伴随着数字化不断发展的互联网开始在收集与传播信息中发挥着越来越多的作用，并且成为人们生活中重要的组成部分（郑志刚，2007）。因此，数字经济所带来的互联网、网络媒体、移动通信设备作为一种新兴媒介，已经成为公众关注环境污染信息的主要渠道。公众在这种新兴媒介中所形成的公众环境关注度，在非正式环境规制中发挥着重要的环境治理作用，尤其是当下政府所主导的正式环境规制在实施过程中存在执行不当或政策效果缺失错位的情况下，公众环境关注度的作用效果显得尤为突出（Afsah et al.，1996；Sterner and Robinson，2018；Liao，2018）。

此外，在对城市环境制定产业政策、监管考核以及法律制度时，需要各级政府与各部门的合作与协调，政府的规模越大，代理层级越高，部门之间的职能交叉，权责不明和利益冲突问题就越严重，当各级政府与各个部门之间目标不一致时，环保政策执行的协调难度就会加大（张翼和卢现祥，2011）。如何克服"政府失灵"？解决这一问题的关键是充分发挥城市污染减排的利益归属方即社会公众的作用。随着公众环境关注度的逐步提升，建立起公众对政府服务的满意度为核心的政绩考核体制，使政府官员将公众重心从干预微观经济活动向公众环保服务转变，切断了政府与企业之间的经济利益链条，转而与公众形成利益共容，当政府尊重公众环保诉求时，会形成内在的减排治理动力。在这种非正式环境规制下，公众一方面监督地方政府的环保治理行为，另一方面监督企业的环保意识，使公众与政府之间在非正式环境规制与正式环境规制之间形成联盟，共同约束地方政府与企业的行为，减少了政府与企业之间合谋以获得减少污染物排放管制的可能，促进绿色全要素生产率。

综合以上理论分析，本书提出假设5：数字经济发展水平能够通过促进公众环境关注度进而实现绿色全要素生产率的提升。

3.3.5　产业结构升级的宏观路径

我国"十四五"规划提出"要加强产业基础能力建设，提升产业链供应链现代化水平"。当下中国产业结构优化缓慢，受到中美贸易不乐观、劳动力成本上升、自主创新水平薄弱、系统性金融风险加剧等多重因素的制约，如何破除产业转型升级中的桎梏，推进社会主义现代化建设，数字经济发展在这其中起着尤为重要的作用。实现产业升级的首要条件是完善基础设施建设。后工业时代下，数字经济所催生出的信息通信网络服务渗透到制造业生产的方方面面，产业服务化趋势越来越明显。二、三产业边界逐步模糊化，使得产业结构高级化主要体现在产业结构服务化，即第三产业产值与第二产业产值之比或生产性服务业产值占比逐渐提升。随着网络基础设施建设不断完善，增强了企业获取、储存与分析数据的能力，推动了全要素生产率的提升。数字经济还驱动实体经济与互联网深度融合，互联网凭借着大数据与云计算的资源优势，发挥出增量提升的协调效应，是推动传统产业高级化、智能化的关键因素（韩健和程宇丹，2020；韩健和李江宇，2022）。

在经济发展前期，我国为实现工业化优先发展了重工业，导致自然资源的过度开发以及工业废气排放的严重超标，造成资源浪费、环境污染等诸多问题。随着我国经济增速的放缓，第三产业占比逐渐超越第二产业，产业结构得到优化。但是，第三产业占比过高同样会带来区域资源错配、产业空心化、环境严重污染等负面影响（黄和平等，2020）。产业如何转型才能实现绿色发展成为行业热议话题。刘乃全等（2021）认为，生产率的提升是推动产业结构升级的核心，而互联网的应用使不同产业部门的生产率存在差异，进而促使生产要素低的部门向生产要素高的部门转移，提升了全社会的资源配置效率，并且对传统产业进行重塑，打破了企业与消费者之间信息不确定的壁垒，塑造了消费需求的多样化，使产业结构呈现服务化的绿色转型模式。从现实而言，我国目前处于产业转型阶段。国内外学者围绕产业结构转型进行了大量的研究，大多数学者将产业结构变迁划分为产业结构高级化和产业结构合理化两个维度，该观点得到了大量学者的认可（周迪和罗东权，2021；周小亮和宋立，2019）。产业结构合理化指产业之间的均衡与关联协调程度，在产业结构趋于合理化的过程中，技术设备的改进与供应链的优化升级降低了能源在开采、加工转化、储存和利用过程中的能源损耗，提高了能源利用效率，在同等资源投入的情况下，生产每单位产品所损耗的能源会更少（Minx et al.，2011）。当劳动密集型产业人员向技术密集型与人才密集型产业流动时，意味着低生产要素部门向高生产要素部门转移，促进了经济增长。结合环境库兹涅茨曲线理论，此时经济增长不再依赖消耗能源的重工业优先发展模式，逐步向趋于环保的高新技术产业过渡。因此，产业结构合理化能够减少城市污染物排放进而促进绿色全要素生产率的提升。产业结构高级化是产业升级的一种衡量方式，主要指产业从第一产业向第二产业过渡进而以第三产业为主的发展模式，产业结构高级化的过程主要伴随着生产模式的转换，市场竞争的"自主净化"推动了生产进步，使能源损耗随着整体配套设施的改进而减少。另外，在产业结构高级化的过程中，企业必然会淘汰旧岗位，出现新的产业部门，新产业具有高附加值与低耗能的特点，对原有高耗能、低产出的产业具有排斥效应（韩永辉和黄亮雄，2017；林毅夫和陈斌开，2013）。

综合以上理论分析，本书提出假设6：数字经济发展水平能够通过促进产业结构高级化与产业结构合理化，进而实现绿色全要素生产率的提升。

3.3.6 市场化程度的宏观路径

经济行为的产生与变迁受到政治环境、金融环境、法律环境等外在因素的影响，市场化程度作为中国经济领域最为重要的制度体系，已经成为经济活动无法忽视的关键因素。现有研究表明，市场化程度过低会导致能源的过度使用与浪费，从而抑制了工业企业绿色创新的投入，助推了高污染行业的崛起，不利于城市绿色发展（卞元超和白俊红，2021）。然而，数字经济不断发展催生出的物联网、大数据、互联网平台经济能够有效地加强市场竞争，从而推动了绿色生产要素的合理流动与优化组合，减少了以往趋于信息不对称所导致的资源错配与市场扭曲的发生，有助于形成公开透明的市场环境，提升优质产品的盈利空间，进一步促使企业主动进行技术革新与新产品研发，进而促进绿色全要素生产率的提升。数字经济发展所伴随的大数据分析整合，优化了企业日常运行流程，提高了要素供需匹配效率，改善了资源配置结构，减少了资源浪费，使工业生产接近所需产能，提升了绿色全要素生产率（肖远飞等，2020）。

创新是经济发展的第一动力，然而企业创新的主要动力来源于城市市场化程度。数字经济以其高度网络化的特征，构建了互联网发展模式。这种模式具有积极的外部经济效应和规模效益，为生产要素的创造、聚集、转移和应用提供了便捷的条件。通过这种方式，数字经济不仅突破了传统的行业、生产者或地域限制，还显著提高了各类资源的利用效率（宁朝山，2020）。此外，数字经济的发展增加了劳动力市场中信息共享，为失业者提供招聘信息，提升了劳动力配置效率，在一定程度上缓解了要素市场扭曲的局面。在产品市场中，外部约束的存在导致政府干预被弱化，市场中生产者被区别性对待，政府对生产者实行差异化财政手段，在相关补贴政策上给予特殊支持，对某些行业设定特定门槛，遏制了生产者通过价格调整市场供求，导致资源错配，数字经济的发展在一定程度上破除了信息壁垒，降低了信息壁垒对企业的限制（张奕芳，2019；王健和巨程晖，2016；李秦等，2014；魏新月，2021）。信息壁垒的破除有助于吸引创新要素集聚，催生出一系列创新相关制度，进而促进绿色全要素生产率。

综合以上分析，本书提出假设7：数字经济发展水平能够通过促进市场化程度实现绿色全要素生产率的提升。

3.4　数字经济发展水平影响绿色全要素生产率的总体理论框架

综合以上理论分析，本节构建了数字经济发展水平推动绿色全要素生产率的总体理论框架，归纳如图3-1所示。随着中国在内的诸多中等收入国家进入老龄化的趋势逐渐加快、人口红利逐渐消失、劳动力供给不足越发明显。因此，过度依赖以传统生产要素驱动经济增长的方式是不可持续的，要探索技术进步在经济发展过程中的主要作用。数字经济作为一种技术革命，在跨时空信息传播、获取和应用方面具有独特的优势，作用于社会生产与经济生活的各个领域，通过社会生产要素的网络化共享、集约化整合、高效化使用来提升经济运行效率。促使传统生产要素摆脱了高投入、高耗能和高污染的粗放式发展模式。就数字经济发展水平对绿色全要素生产率的影响路径而言，在微观层面，考虑到绿色全要素生产率是一个对经济产出、污染排放和要素节约等方面综合考量的动态发展过程，企业无疑是环境污染物的主要制造者。对于企业而言，由于环境外部性的存在，企业环境污染所产生的环境成本一般不由企业自身承担，而由城市承担，数字经济发展水平可以通过影响企业绿色技术创新水平、产能利用效率和交易成本三条路径来实现企业绿色转型，进而直接推动载体绿色全要素生产率的提升。在宏观层面，数字经济发展水平可以通过公众环境关注度、产业结构升级和市场化程度三条路径来实现城市污染减排，进而直接推动绿色全要素生产率的提升。

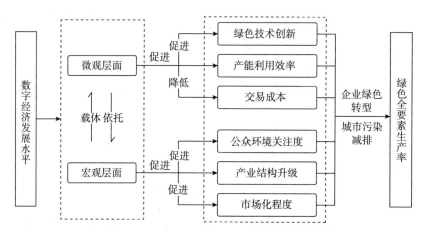

图 3-1　数字经济发展水平对绿色全要素生产率的理论分析框架

3.5　本章小结

本章主要对数字经济发展水平对绿色全要素生产率总体效应与影响路径展开

分析，建立了数字经济发展水平对绿色全要素生产率的理论框架，具体而言，本章的主要内容如下：

第一，数字经济发展水平推动绿色全要素生产率的理论分析。一方面，数字经济本身的发展催生出互联网、人工智能、数字孪生、遥感等一系列技术创新，并且加快了数字技术的空间溢出效应与空间扩散效应，增强了城市与城市之间经济活动的广度与深度，催生出共享经济、远程医疗、线上教育、平台经济等新产业、新业态和新模式，最大限度降低了交易的中间环节，实现了沟通交流的快捷与便利。同时，有效地改善了生产与消费之间的供需关系，加快了产品匹配与交易，有利于规模经济效应的形成，从而进一步提升了绿色全要素生产率。另外，将数字经济发展水平与绿色全要素生产率引入内生经济增长模型中，理论考察了数字经济发展水平对绿色全要素生产率的影响，结果表明，数字经济发展水平对绿色全要素生产率具有推动作用。

第二，数字经济发展水平对绿色全要素生产率微观路径的理论探讨。考虑到绿色全要素生产率是一个对经济产出、污染排放和要素节约等方面综合考量的动态发展过程，企业无疑是环境污染物的主要制造者。对于企业而言，由于环境外部性的存在，企业环境污染所产生的环境成本一般不由企业自身承担，而由城市承担。数字经济发展水平可通过影响企业绿色技术创新水平、产能利用效率和交易成本三条路径来实现企业绿色转型，进而直接推动载体绿色全要素生产率的提升。

第三，数字经济发展水平对绿色全要素生产率宏观路径的理论探讨。数字经济发展水平可通过公众环境关注度、产业结构升级和市场化程度三条路径来实现城市污染减排，进而直接推动绿色全要素生产率的提升。

第四，对于以上理论分析进行综合整理，构建了数字经济发展水平影响绿色全要素生产率的总体理论分析框架。

第4章 数字经济发展水平与绿色全要素生产率的测度与演化特征

在数字经济发展水平推动绿色全要素生产率的理论分析基础上，本书旨在探究数字经济发展水平对绿色全要素生产率的影响，以及深入探讨数字经济发展水平对绿色全要素生产率的影响路径，而其中最为重要的是对数字经济发展水平与绿色全要素生产率的内涵界定，以及在现有文献的基础上对其进行精准测算。基于此，本章主要基于2010~2019年全国261个城市层面样本数据，对数字经济发展水平与绿色全要素生产率的发展现状进行分析，试图回答以下问题：一是绿色全要素生产率如何测定，不同测度方法之间是否存在关联，绿色全要素生产率的分解项技术效率与技术进步的变化趋势是什么，采用地理空间可视化工具探究区域特征是否成为绿色全要素生产率空间差异的关键；二是构建城市层面数字经济发展指标体系，并运用熵权法对其进行测算，从时间和空间两个维度探析数字经济的发展规律，能否找出区域间数字化差异的内在成因。

4.1 数字经济发展水平的测度与演化特征

4.1.1 数字经济发展水平的指标体系构建及数据来源

近年来，从人人互联到万物互联、从大数据到人工智能、从虚拟经济到工业互联网，数字经济在中国快速发展（金星晔和伏霖，2020）。数字经济凭借着大数据处理技术，对市场进行准确定位实现供需快速匹配，降低了市场交易成本与信息不确定性，成为新旧动能转换、结构优化、效益提升的新引擎。并且，数字经济向社会各个领域加速渗透，催生出以数字经济为主要载体的新产业，给人类经济生活带来了深刻改变（王军等，2021）。数字经济的蓬勃发展使数据成为继企业家才能、技术、劳动力之后的新生产要素，其技术赋能不仅提高了产业数字化、智能化水平，还具有降低市场交易成本、满足消费者多样化需求的作用（周小亮和宝哲，2022）。随着数字经济规模的不断扩大并与实体产业深度融合，现有传统的国民经济核算体系逐渐不能满足实践的需求，如何准确定义和测算数字经济成为研究的重要课题，并得到了国内外相关学者的广泛关注。事实上，国内外大多数学者都是选取代表性较高的指标对数字经济发展综合指数进行刻画。从指数的构建而言，主要从数字经济的内涵外延出发：首先，包括数字经济的基础设施（王开科等，2020）和信息化产业（刘方和孟祺，2019）两个方面。其次，考虑到数字经济发展的外部环境增加了数字化治理（康铁祥，2008）。最后，数字应用成为数字经济的落脚点，在研究中增加了电子商务（向书坚和吴文君，2019）与数字普惠金融（尹志超等，2023）。本章借鉴赵涛等（2020）的研究，根据数字经济的概念，结合城市层面数据的可得性，将互联网基础设施建设作为测算的核心，并且加入互联网产出的构建思路，从互联网普及率、互联网相关从业人数、电信业务产出、移动互联网用户数以及数字普惠金融发展五个维度构建综合指数进行表征。各细分指标定义如下：

（1）互联网普及率，采用每百万互联网用户数表示，该指标为正向指标。

（2）互联网相关从业人数，采用信息传输、计算机服务和软件业从业人员占比表示，该指标为正向指标。

（3）电信业务产出，采用人均电信业务总量表示，该指标为正向指标。

（4）移动互联网用户数，采用人均移动电话量来表示，该指标为正向指标。

（5）数字普惠金融发展，采用北京大学发布的中国数字普惠金融指数来表示，该指标为正向指标。

每个指标的内涵及相对应的指标属性如表4-1所示。

表4-1 数字经济发展水平指标体系

一级指标	二级指标	三级指标	指标属性
数字经济发展水平	互联网普及率	每百万互联网用户数	正向指标
	互联网相关从业人数	信息传输、计算机服务和软件业从业人员占比	正向指标
	电信业务产出	人均电信业务总量	正向指标
	移动互联网用户数	人均移动电话量	正向指标
	数字普惠金融发展	中国数字普惠金融指数	正向指标

鉴于城市统计数据的可得性，本书选取 2010～2019 年全国 261 个地级市 10 年平衡面板数据作为研究样本，考虑到研究数据的完整性，选取的 261 个地级市其中不包括中国港澳台地区和缺失值较为严重的城市和自治区、盟等地区。所有指标的选取更加符合数字经济内涵中"以现代互联网作为主要载体"，以上指标原始数据均来源于历年《中国城市统计年鉴》，对于不可避免的缺失值情况，本书采用线性插值法补齐。

4.1.2 数字经济发展水平的测算方法

在对数字经济发展水平进行多维度指标体系构建以后，如何确定每个维度指标权重成为研究重点。参考以往关于指标评价的研究，主要基于主观评价法和客观评价法两种方法。主观评价法主要采用 AHP 层次分析法，具体是通过专家打分的形式，其评价方式对测评主体具有很强的针对性，但专家赋权的高低在很大程度上取决于个体偏好。客观赋权法主要采用熵权法、变异系数法和多目标规划法。客观赋权法不受样本之外主观因素的制约，仅仅对样本本身特征及细分指标的内在联系进行赋权，评价过程具有很好的客观性。在三种评价方法间，熵权法能够客观反映各指标体系之间的重要程度，并且能够估算不同方案实际结果与理想值间的相近度评估不同备选方案的优劣，得到了国内外学者的广泛认可（江婉舒等，2021；Sengthongkham，2021），其测度原理为指标所携带信息量越大，随机性越小，熵越小；信息量越小，随机性越大，熵越大。利用熵值携带的信息进行权重计算，结合各项指标的变化程度，计算出各项指标最终权重（周小亮和宝哲，2022）。因此，本书采用熵权法确定数字经济发展水平的综合指数，其测算步骤如下：

第一步，为了避免不同指标在单位、量纲等方面产生差异，直接计算可能会导致数据缺乏科学性，参考周小亮和吴武林（2018）等的做法，对原始数据进行标准化处理。因本书所选取指标均为正向指标，故标准化处理公式为：

$$X_{ij} = \frac{x_{ij} - \text{Min}(x_{ij})}{\text{Max}(x_{ij}) - \text{Min}(x_{ij})} \qquad (4-1)$$

式中，X_{ij} 为标准化之后的无量纲指标，$X_{ij} \in [0, 1]$，X_{ij} 为第 i 城市中第 j 项指标的原始数据，$\text{Max}(x)$ 和 $\text{Min}(x)$ 分别为该指标的最大值和最小值。指标数值越大，对其结果的贡献值越大，表现越好。

第二步，计算通过标准化处理的各城市第 j 项指标的比重：

$$Q_{ij} = \frac{Y_{ij}}{\sum_{i=1}^{n} Y_{ij}} \qquad (4-2)$$

式中，Q_{ij} 表示第 i 个城市第 j 项指标的比重，n 为样本数量，本次研究对象为中国城市层面，因此 $n = 261$。

第三步，计算第 j 项指标的信息熵值：

$$C_j = \frac{-1}{\ln(n)} \sum_{i=1}^{n} Q_{ij} \ln(Q_{ij}) \qquad (4-3)$$

式中，C_j 为测度指标 j 项的熵值，$C_j \in [0, 1]$

第四步，计算第 j 项指标的差异系数：

$$X_j = 1 - C_j \qquad (4-4)$$

式中，X_j 为测度指标 j 项的差异系数，其差异系数值越小，该指标在测度值中所占的权重也越小。

第五步，计算第 j 项的指标权重：

$$K_j = X_j / \sum_{i=1}^{n} X_j \qquad (4-5)$$

式中，K_j 为测度指标第 j 项的权重系数。

计算第 i 个城市 l 指标的综合得分：

$$G_{il} = \sum_{i=1}^{c} K_j X_{ij} \qquad\qquad (4-6)$$

式中，G_{il} 为第 i 个城市第 l 个测度指标的综合得分，c 为各维度层所包含指标的数量。

计算第 i 个城市数字经济发展水平的综合得分情况：

$$Z_i = \sum_{m=1}^{l} G_{il} \qquad\qquad (4-7)$$

式中，Z_i 为第 i 个城市数字经济发展水平综合得分，随着 Z_i 的数值越大，对应数字经济发展水平综合得分越高；反之，数字经济发展水平得分越低。

4.1.3 数字经济发展水平的演化特征

基于上述指标体系的测算方法，本节分别测算了城市层面互联网普及率、互联网相关从业人数、互联网相关产出、移动互联网人数以及数字普惠金融发展的各项权重，使用熵值法最后计算出数字经济发展水平的综合指数，如图 4-1 所示。计算 2010~2019 年数字经济发展指数的均值观测 261 个城市数字经济发展的演变趋势。全国层面，数字经济发展水平呈现出逐渐递增的趋势。2011 年，数字经济发展水平综合指数为 0.0827。2019 年，数字经济发展水平综合指数上升为 0.1916。2010~2013 年，数字经济发展水平的增长率波动较大。2014 年以后，增长率基本趋于稳定保持在 9% 左右，这一表现可能是受到 2010 年左右互联网技术应用与数字普惠金融发展的广泛普及，为数字经济发展提供了良好的环境，由此得到了爆发式的增长。2015 年以后，数字经济发展水平综合指数又开始逐步上升，原因可能在于 2015 年后中国提出了一系列数字经济的支持政策。例如，2015 年，中国提出"国家大数据战略"，推动数字经济发展与区域数字化转型政策不断深化落地。2017 年以来，数字经济发展已经连续四年写入政府工作报告，这也在一定程度上助推了数字经济的发展。

就区域异质性的角度而言，本书根据国家统计局划分标准，将全国层面样本划分为东部地区、中部地区和西部地区，并对研究期间各区域样本的测度均值绘制趋势变化图进行分析。如图 4-2 所示，虽然中国整体数字经济发展水平在 2010~2019 年呈现上升态势，但东部地区与中西部地区依然存在差距。从区域

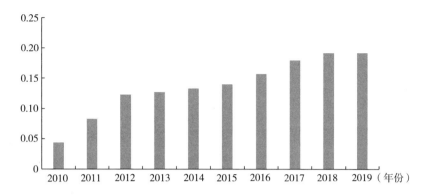

图 4-1　2010~2019 年数字经济发展水平及其增长率变化趋势

时序图可以看出，东部地区数字经济发展水平一直呈现递增态势，整个样本考察期内（2010~2015 年）递增。东部地区数字经济发展水平从 2010 年的年均值 0.0208 增长至 2019 年的年均值 0.2223，增长 10 倍，年均增长率为 30.08%。中西部地区数字经济发展水平基本持平，西部地区从 2010 年数字经济发展水平年均值 0.0107 增长至 2019 年的年均值 0.1718，增长 16 倍，年均增长率为 34.26%，中部地区从 2010 年数字经济发展水平年均值 0.0092 增长至 2019 年的年均值 0.2065，增长 22 倍，年均增长率为 37%。

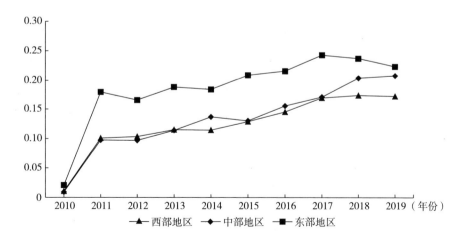

图 4-2　2010~2019 年分地域数字经济发展水平趋势

西部地区能够发展迅速并与中部地区持平的原因可能在于中国西部大开发战略已经凸显成效。从西部大开发的战略规划而言，共分为三个阶段，2001~2010年是西部大开发的基础阶段，重点在于调整西部地区产业结构优化，基础设施完善，加强生态环境，使得西部地区的投资环境得到初步改善。2011~2030年是加速发展阶段，这一阶段的目标是巩固提高基础，实现西部地区经济增长的跃进式发展。2031~2050年是西部地区实现现代化的阶段，这一阶段的目标是普遍提升西部地区基础设施建设水平，全面缩小区域差异。通过分区域年均增长率分析可得，中西部地区数字经济发展水平指数年均增长率高于东部地区，表明现阶段东部地区数字经济发展初期的红利消耗殆尽，数字化转型已经基本完成，中西部地区数字经济发展水平依然存在较高的数字红利。

　　为了进一步比较我国城市之间数字经济发展水平的差异性，测算2010年、2013年、2016年和2019年全国主要城市的数字经济发展水平指数，结果如表4-2所示。各城市数字经济发展水平综合指数在2010~2019年呈现出上升趋势。2010年，中国主要城市数字经济发展水平综合指数仅有深圳市和上海市得分超过0.1，得分前五的深圳市、上海市、东莞市、厦门市和北京市数字经济发展水平综合得分分别是第40位常州市的8.5倍、6.7倍、4.9倍、3.9倍和3.6倍。在2013年数字经济发展水平指数得分中排名前40的城市均高于0.1，得分前五的城市分别为深圳市、东莞市、北京市、广州市和上海市，其中，深圳市数字经济发展水平指数较2010年上涨5倍，2013年得分第40位的贵阳市较2010年排名第40位的常州市数字经济发展水平指数上涨9.9倍。2016年，中国主要城市数字经济发展水平综合指数得分前40的城市均高于0.1，得分前五的城市主要是深圳市、北京市、珠海市、厦门市和东莞市，其中，深圳市数字经济发展指数较上年有所下滑，得分第40位的廊坊市与2013年得分40位的贵阳市基本持平。2019年，中国主要城市数字经济发展水平综合指数都较2016年实现了增长，得分前五的城市主要是珠海市、北京市、深圳市、厦门市和南京市，其得分分别是第40位舟山市的2.6倍、2.5倍、2.4倍、2.4倍和2.2倍，得分前40的城市数字经济发展水平指数都实现了0.2的突破。

表4-2　中国主要城市数字经济发展水平测度结果

2010 年		2013 年		2016 年		2019 年	
城市	得分	城市	得分	城市	得分	城市	得分
深圳市	0.1669	深圳市	0.8265	深圳市	0.4810	珠海市	0.6292
上海市	0.1307	东莞市	0.6530	北京市	0.4544	北京市	0.6179
东莞市	0.0963	北京市	0.4996	珠海市	0.4007	深圳市	0.5951
厦门市	0.0765	广州市	0.4633	厦门市	0.3555	厦门市	0.5793
北京市	0.0697	上海市	0.4624	东莞市	0.3327	南京市	0.5281
中山市	0.0690	西安市	0.4056	广州市	0.2490	郑州市	0.4931
佛山市	0.0436	中山市	0.3768	南京市	0.2484	杭州市	0.4746
海口市	0.0418	南京市	0.3735	上海市	0.2367	广州市	0.4669
广州市	0.0399	珠海市	0.3726	中山市	0.2291	上海市	0.4662
珠海市	0.0341	厦门市	0.3726	杭州市	0.2284	呼和浩特市	0.4097
广元市	0.0336	杭州市	0.3538	三亚市	0.2267	大连市	0.4028
白山市	0.0335	佛山市	0.3407	成都市	0.19598	东莞市	0.3959
福州市	0.0333	济南市	0.3147	济南市	0.1929	武汉市	0.3641
杭州市	0.0312	哈尔滨市	0.2995	克拉玛依市	0.1903	西安市	0.3534
泉州市	0.0312	苏州市	0.2955	苏州市	0.1873	苏州市	0.3446
昆明市	0.0306	大连市	0.2691	大连市	0.1824	中山市	0.3357
西安市	0.0302	海口市	0.2655	西安市	0.1784	济南市	0.3309
呼和浩特市	0.0287	呼和浩特市	0.2601	佛山市	0.1755	成都市	0.3248
宁波市	0.0280	武汉市	0.2555	无锡市	0.1651	乌鲁木齐市	0.3236]
苏州市	0.0274	太原市	0.2501	呼和浩特市	0.1623	无锡市	0.3216

　　通过对中国2010~2019年各城市数字经济发展水平指数进行对比可知，中国城市间数字经济发展水平指数的平均值不断提升，并且各城市间的差距随着时间的推进在逐渐缩小，但数字经济发展水平较高的城市依然主要集中在东部地区的一线城市。

　　为了探究数字经济发展水平的空间格局，本书选取 2010 年、2013 年、2016 年和 2019 年作为时间断面，采用 ArcGIS 软件将数字经济发展水平指数分为 5 梯度，其中颜色较深的地区代表区域数字经济发展水平较高，由此观测数字经济发展水平的空间格局变化。2010~2019 年，数字经济发展水平呈现出明显的递增趋势，意味着数字经济在现阶段得到了迅猛发展。从具体的时间维度而言，2010 年，中国各城市数字经济发展水平指数得分主要集中在 0.003～0.0358 和 0.0358～0.0686 这两个梯度，全国数字经济发展水平基本持平。2013 年，东部沿海城市如上海市、广东省、浙江省等地凭借着工业占比较高，率先实现了工业企业的数字化转型，因此，2013 年开始，数字经济发展指数较高的城市主要集中在东部沿海地区的长三角、珠三角、环渤海三大经济圈，总体呈现出"东高西低"的空间发展格局。2016 年，数字经济发展指数东部地区一线城市数字经济发展水平已经与中西部地区产生差异，并且与 2010 年对比可以发现，从空间维度而言，随着时间的推移，城市之间数字化发展水平逐渐拉大。2019 年，数字经济发展水平指数增长较为迅速，样本考察期内，全国数字经济发展水平综合指数得分大多数集中在最高梯度，城市之间数字化发展水平逐渐减小，数字经济发展趋势逐步地由东向西推进。空间格局证明了中国各地区间数字经济发展水平存在较为明显的"马太效应"，发达地区与欠发达地区形成了"数字鸿沟"现象，但随着时间的推移"数字鸿沟"开始逐渐减弱（任贵生和李一军，2006）。

4.2　绿色全要素生产率的测度与演化特征

4.2.1　绿色全要素生产率的指标体系构建与数据来源

进一步地，根据前文对现有文献的回顾，城市实现绿色转型的关键在于不断提升全要素生产率所代表的经济增长质量。中国工业发展必须摒弃高能耗、高污染的粗放模式，只有充分考虑能源和环境因素的全要素生产率才能得到准确的衡量。否则，如果不顾及外部制约因素，全要素生产率很可能会被高估。因此，本书需要在加入非期望产出后对绿色全要素生产率的发展水平、变化过程以及趋势特征进行深入分析。当前，就绿色全要素生产率测算的有关文献而言，大多数研究采用数据包络分析（DEA）和随机前沿生产函数法（SFA）这两种考虑非期望产出的典型测算方法。1978 年，Chames 首次提出了 DEA，基于规模报酬不变与可变的假定 DEA 模型演变出 DEA-CCR 模型与 DEA-BCC 模型，虽然 DEA 模型具有分解生产率来源、多投入多产出和跨期研究等优点，但传统的 DEA-CCR 与 DEA-BCC 的测量仅仅是某个时间点的静态效率，基本上都没有考虑投入或者产出松弛的问题（Chames et al.，1978）。而 SFA 这一参数方法的缺陷在于需要依赖研究前所设定的效率变化形式，测算结果容易受到模型设定形式以及随机误差项是否满足正态分布等因素的影响。另外，该模型仅仅适合单一的非期望产出，无法拟合多种非期望产出的形式。因此，考虑到绿色全要素生产率是一个对经济产出、污染排放和要素节约等方面综合考量的动态发展过程，参考有关文献对测算方法的选择，本书采用超效率基于松弛测度的（Slack - Based Measure，SBM）模型，结合全局曼奎斯特 - 卢恩伯格（Global Malmquist - Luenberger，GML）指数分解方法，以解决传统模型对无效率测度没有包括松弛变量和没有考虑非期望产出等效率评价的缺陷，将基于碳维度与环境维度两类非期望产出的绿色全要素生产率计算出来，进而对绿色全要素生产率进行衡量。

在指标测度方面，投入指标和产出指标的选择是测算绿色全要素生产率的关键，在投入指标的选取上，本书选取资本、劳动和自然资源三大要素作为投入指标。资本主要采用资本存量数据，资本存量的运算采用永续盘存法。其计算方法公式：

$$K_{it} = K_{it-1}(1-\delta)+I_{it} \tag{4-8}$$

式中，K_{it} 表示第 i 城市 t 年的固定资本存量，I_{it} 表示第 i 城市 t 年的固定资本投资，δ 表示折旧率。在对城市固定资本存量进行测算时，需要确定基期固定资本存量 K_{it}、新增固定资产投资 I_{it}、折旧率 δ 和固定资产价格指数的等变量。由于采用的是地级市面板数据，数据并不像省级数据那样完善，因此折旧率为9.6%（张军等，2004）。城市层面固定资产投资换算成以 2003 年为基期的固定资产投资，根据 2003 年为基期的固定资本投资、折旧率计算得到中国城市层面的固定资本存量。劳动主要采用单位从业人员与私营个体从业人员之和，自然资源的投入指标理想情况下应选取地级市能源消耗量，但鉴于数据可得性，当前能源消费数据仅体现在省级层面，在城市层面文献普遍选取城市全年用电量作为能源消耗的替代变量（于斌斌，2018）。因此，本书采用全社会用电量作为资源投入的替代指标。

在产出指标的选取上主要为期望产出和非期望产出两种指标，在期望产出上采用中国各地级市实际生产总值（GDP）表示，由于缺乏城市层面的GDP平减指数，本书采用各省GDP平减指数，并将其换算成以2003年为基期的GDP平减指数，将城市层面GDP调整成以2003年为基期的实际值。在非期望产出上，主要是城市工业生产所产生的工业二氧化硫、工业烟粉尘排放和工业废水排放三个指标。考虑到本书测算使用的城市层面的数据，以及中国工业现阶段面临碳中和、碳达峰的增长目标，因此，增加城市层面二氧化碳排放作为非期望产出。

本书主要基于2010~2019年全国261个地级市10年平衡面板数据作为研究样本，考虑到研究数据的完整性，这里选取的261个地级及以上城市，其中不包括中国港、澳、台地区和缺失值较为严重的城市和自治区、盟等地区。数据来源方面，中国地级市及其以上的城市数量较多，且本书研究期间较长，所涉及的数据为连续面板数据，为了尽可能获得较为完整的指标数据，我们主要基于历年《中国城市统计年鉴》《中国环境统计年鉴》《中国区域经济统计年鉴》《中国能源统计年鉴》，城市层面二氧化碳排放数据主要来源于中国碳排放核算数据库（CEADs）。此外，个别变量需要进行价格平减和补缺等处理，其中，资本投入价格采用固定资产投资价格指数进行平减，以消除价格变动对研究所产生的影响。对于变量缺失值的处理主要采用线性插值法与移动平均法补齐。绿色全要素生产率相关变量的描述性统计，如表4-3所示。

表4-3　绿色全要素生产率相关变量描述性统计

指标属性	变量名称	样本量	均值	标准差	最小值	最大值
投入指标	资本存量	2610	63135.57	68461.11	3621.779	570174.1
	劳动投入	2610	75045.77	253114.7	1.57	2741717
	能源投入	2610	847.783	1533.781	0.01065	14860.2

指标属性		变量名称	样本量	均值	标准差	最小值	最大值
产出指标	期望产出	GDP	2610	25018	34201.65	1040.31	381560
	非期望产出	工业二氧化硫排放量	2610	40998.35	43611.8	2	496377
		工业废水排放量	2610	6255.408	7835.877	7	96501
		工业烟尘排放量	2610	33788.8	114208.5	56	3300000
		二氧化碳排放量	2610	883.1165	1497.539	8.38264	22861.2

4.2.2 绿色全要素生产率测算方法

4.2.2.1 考虑非期望产出的超效率 SBM 模型

参考代表性文献，本书采用非期望产出的超效率 SBM 模型结合全局曼奎斯特卢恩伯格指数来测算绿色全要素生产率。Tone（2002）基于松弛的 SBM 模型基础上，扩展了包含非期望产出的 SBM 模型，该模型能够很好地处理投入、产出和非期望产出的关系，有效地解决了在效率测算过程中忽略的松弛变量问题，因此，该模型在效率评价方面得到了广泛应用。在某一特定的生产决策单元 DMU_0 (x_0, y_0, b_0)，考虑非期望产出的 SBM 模型的算法可以表示为：

$$\min\rho = \frac{1 - \frac{1}{m}\sum_{i-1}^{m} s_i^- / x_{i0}}{1 + \frac{1}{q_1 + q_2}\left(\sum_{r-1}^{q_1} s_r^+ / y_{r0} + \sum_{t-1}^{q_2} s_t^{b-} / b_{t0}\right)} \tag{4-9}$$

$$\text{s. t.} \begin{cases} x_0 = \sum_{j-1}^{n} x_j \lambda_j + s^- & (i = 1, \cdots, m) \\ y_0 = \sum_{j-1}^{n} y_j \lambda_j + s^+ & (r = 1, \cdots, q_1) \\ b_0 = \sum_{j-1}^{n} b_j \lambda_j + s^{b-} & (t = 1, \cdots, q_2) \\ \lambda_j, s^-, s^+, s^{b-} \geqslant 0 & (j = 1, \cdots, n) \end{cases} \tag{4-10}$$

式中，ρ 为效率值，j 为各个 DMU，n 为 DMU 个数，m、q_1、q_2 分别为投入、期望产出、非期望产出的指标数量，s_i^-、s_r^+、s_t^{b-} 分别为投入、期望产出与非期望产出的松弛变量，λ_j 为强度变量，x_j、y_j、b_j 分别为第 j 个 DMU 的 m 为投入变量，q_1 为期望产出变量，q_2 为非期望产出变量，x_0，y_0，b_0 分别为被评价决策单元 DMU_0 的投入变量、产出变量和非期望产出变量。若式中 $\rho \geqslant 1$，则代表该 DMU 是有效率的。

4.2.2.2 全局曼奎斯特-卢恩伯格指数

在上述 SBM 方向距离函数模型的基础上，本书参考 Paster 和 Lovell（2005）所提出的全局曼奎斯特-卢恩伯格指数（Global Malmquist-Luenberger，GML）方法，该方法能够有效克服传统 ML 指数的局限性，并且规避在生产技术前沿面内偏移的可能性，即"技术倒退"的现象。基于此，本书对绿色全要素生产率进行进一步的分解，在第 t 期和 $t+1$ 期之间的 Global Malmquist-Luenberger 生产率指数的表达式为：

$$GML_t^{t+1} = \left\{ \frac{\left[1+\vec{D}_0^t(x^t,\ y^t,\ b^t;\ g^t)\right]}{\left[1+\vec{D}_0^t(x^{t+1},\ y^{t+1},\ b^{t+1}:\ g^{t+1})\right]} \times \frac{\left[1+\vec{D}_0^{t+1}(x^t,\ y^t,\ b^t;\ g^t)\right]}{\left[1+\vec{D}_0^{t+1}(x^{t+1},\ y^{t+1},\ b^{t+1}:\ g^{t+1})\right]} \right\}^{\frac{1}{2}}$$

$$(4-11)$$

GML 生产指数分解是分析生产率变动的常用指标，可以将绿色全要素生产率进一步分解为技术效率 EC 和 TC 两部分，前者代表决策单元相对于技术可行集的改进，后者代表技术可行集本身的扩大。

$$GML_t^{t+1} = \frac{1+\vec{D}_0^t(x^t,\ y^t,\ b^t;\ g^t)}{1+\vec{D}_0^t(x^{t+1},\ y^{t+1},\ b^{t+1}:\ g^{t+1})} \times \left\{ \frac{\left[1+\vec{D}_0^{t+1}(x^t,\ y^t,\ b^t;\ g^t)\right]}{\left[1+\vec{D}_0^t(x^{t+1},\ y^{t+1},\ b^{t+1}:\ g^{t+1})\right]} \times \frac{\left[1+\vec{D}_0^{t+1}(x^t,\ y^t,\ b^t;\ g^t)\right]}{\left[1+\vec{D}_0^{t+1}(x^{t+1},\ y^{t+1},\ b^{t+1}:\ g^{t+1})\right]} \right\}^{\frac{1}{2}}$$

$$= EC_t^{t+1} \times TC_t^{t+1} \qquad (4-12)$$

GML 生产率指数测度是绿色全要素生产率在第 t 期和第 $t+1$ 期之间的变化，当 GML 生产率的指数大于 1 时，代表绿色全要素生产率增长；当 GML 生产率指数小于 1 时，代表绿色全要素生产率降低；当 GML 生产率指数等于 1 时，代表绿色全要素生产率不变。EC 指数的测度是生产决策单元在 t 期和 $t+1$ 期之间与生产前沿面的靠近程度，也是生产决策单元对生产前沿面的追赶程度（斑斓和袁晓玲，2016）。式中，EC 指数大于 1，代表绿色技术效率提升，EC 指数小于 1，代表绿色技术效率下降。TC 指数的测度是生产决策单元在 t 期和 $t+1$ 期之间生产可能性边界的变化。TC 指数大于 1，代表绿色技术进步；TC 指数小于 1，代表中绿色技术退步。

需要特别说明的是，由上述公式可知，通过 SBM-GML 方法测算出的绿色全要素生产率衡量了决策单元的低碳转型程度在 $t+1$ 年相对 t 年的变化，为了研究绿色全要素生产率的变化情况，本书借鉴邱斌等（2008）、李斌等（2013）的做法，运用累乘法得到绿色全要素生产率。具体做法是，将研究样本的开始年份 2010 年设为基期，假定 2010 年绿色全要素生产率等于 1，那么 2011 年的绿色全要素生产率等于 2010 年绿色全要素生产率乘以 2011 年的绿色全要素生产率，进而通过连乘计算得到 2010~2019 年绿色全要素生产率指数。

4.2.3　绿色全要素生产率的演化特征

2010~2019 年绿色全要素生产率的年度平均变化情况如表 4-4 所示。总体而言，在加入城市相关投入产出指标，并且采用了全局曼奎斯特卢恩伯格指数以后，中国各个城市的绿色全要素生产率指数均高于 1，说明中国城市绿色化转型在不断推进。从贡献因素来看，绿色全要素生产率指数的变化大致与技术进步变化相同，但技术进步的贡献大于技术效率，技术效率的波动相对于技术进步而言更加的平稳，说明绿色全要素生产率的动力主要源于技术进步驱动的。

表 4-4　2010~2019 年绿色全要素生产率年均值

年份	绿色全要素生产率指数	绿色全要素生产率	技术效率	技术进步
2010	1.0000	1.0000	1.0000	1.0000
2011	1.7397	1.0955	1.0795	1.6689
2012	1.7399	1.0853	1.0795	1.6692
2013	1.7401	1.0830	1.0796	1.6694
2014	1.7402	1.0928	1.0797	1.6696
2015	1.7402	1.1032	1.0798	1.6699
2016	1.7402	1.1168	1.0800	1.6702
2017	1.7401	1.0884	1.0800	1.6705

年份	绿色全要素生产率指数	绿色全要素生产率	技术效率	技术进步
2018	1.7497	1.0547	1.0801	1.6709
2019	1.7493	1.2298	1.0801	1.6711

由于绿色全要素生产率指数实际上是绿色全要素生产率通过累乘的方法得到的，通过计算本期年度均值可以看出，绿色全要素生产率呈现出周期性的波动情况，2010~2013年，绿色全要素生产率经过第一个周期的波动；2013~2016年，绿色全要素生产率经过第二个周期的波动；2016~2019年，经过第三个周期波动。在第一个波动周期内，绿色全要素生产率从2010年的1.000增长到2011年的1.0955，但在2012年出现下滑，直至下滑到2013年的1.0830，这一波动周期内，技术效率与技术进步呈现增长态势。其原因可能是2010年政府财政政策用于刺激经济，虽然实现了经济增长，但间接带来了过高的产能过剩，从而间接地降低了绿色全要素生产率。在第二个波动周期内，绿色全要素生产率从2013年的1.0830增长到2016年的1.1168，这一周期内绿色全要素生产率增长3.1%，主要原因可能是党的十八大召开后将生态文明建设纳入中国特色社会主义"五位一体"总体布局中。在此期间，中国政府淘汰高污染产业，大力推进产业结构优化升级，同时开展了环境污染治理专项活动，加大了企业环境污染的惩处力度，提高了环保标准，在一定程度上降低了环境污染所带来的负面影响。在第三个波动周期内，绿色全要素生产率从2016年的1.1168增长到2019年的1.2298，这一周期内绿色全要素生产率增长10.1%。这一阶段，环境总体改善较好，得益于中国共产党在十九大报告中将坚持人与自然和谐共生作为新时代坚持和发展中国特色社会主义的基本方略之一，在此期间实行了最为严格的生态环境保护制度，在各个城市着力解决了产业结构、能源体系和空间布局等严重制约环境的突出问题。

通过进一步对2011~2019年中国各个城市绿色全要素生产率所表现的差异性进行分析，探究样本期内有多少城市绿色全要素生产率得到了改善，有多少城市绿色全要素生产率出现了下降。结果如表4-5所示，与绿色全要素生产率的变化趋势类似，2011年以后，绿色全要素生产率大于等于1的城市逐渐增加，而绿色全要素生产率小于 1 的城市逐渐减少。其中，2011 年绿色全要素生产率大于等于 1 的城市为 177 个，占总样本城市的 68%，绿色全要素生产率小于 1 的城市为 84 个，占总样本的 32%，直至 2019 年绿色全要素生产率大于等于 1 的城市上升到 189 个，占总样本的 72%，绿色全要素生产率小于 1 的城市下降到 72 个，占总样本的 28%。这意味着中国大多数城市绿色全要素生产率在样本观测年份内得到了增长，中国城市经济增长质量正在不断提升，城市绿色转型在逐步推进与实现。

表 4-5　中国各城市绿色全要素生产率变化情况

年份	绿色全要素生产率≥1		绿色全要素生产率<1	
	城市数（个）	占比（%）	城市数（个）	占比（%）
2011	177	68	84	32
2012	177	68	84	32
2013	179	69	82	31
2014	178	68	83	32
2015	180	69	81	31
2016	183	70	78	30
2017	185	71	76	29
2018	189	72	72	28
2019	189	72	72	28

为了进一步了解中国东中西部地区地级市绿色全要素生产率增长情况，本书将中东西地区各个年份绿色全要素生产率的均值进行了整理。如表 4-6 所示，中东西部省份绿色全要素生产率均呈现出递增的态势，并且各地区绿色全要素生产率均大于 1。具体而言，东部地区绿色全要素生产率大致可以划分为两个阶段，第一个阶段从 2011 年的 1.9931 增长到 2015 年的 1.9947，第二个阶段从 2015 年的 1.9947 下滑至 2019 年的 1.9823，东部地区绿色全要素生产率接近于 2，意味着东部地区省份绿色全要素生产率数值较高，中部地区绿色全要素生产率大致从 2011 年的 1.5664 增长至 2019 年的 1.5741，西部地区绿色全要素生产率从 2011 年的 1.6483 增长至 2019 年的 1.6578。整体而言，东部地区绿色全要素生产

率高于中西部地区绿色全要素生产率。绿色全要素生产率在区域之间存在显著的差异性，中西部地区绿色全要素生产率增长仍有待提升。

表4-6　中国三大地区绿色全要素生产率变化情况

年份	西部地区	中部地区	东部地区
2011	1.6483	1.5664	1.9931
2012	1.6491	1.5670	1.9939
2013	1.6502	1.5678	1.9942
2014	1.6512	1.5686	1.9945
2015	1.6525	1.5697	1.9947
2016	1.6539	1.5707	1.9943
2017	1.6553	1.5719	1.9924
2018	1.6565	1.5730	1.9875
2019	1.6578	1.5741	1.9823

从各地区的实际发展情况来看，东部地区是中国比较发达的地区。近年来，东部地区利用区域优势，不断转型升级经济发展方式，淘汰高能耗、高污染、低产能企业，实现区域经济转型升级。西部地区经济发展方式相对落后，人口密度低，大多通过消耗资源来追求经济增长，导致绿色全要素生产率水平偏低。中部地区是重工业分布的地区，工业在经济结构中所占比重较高，早期粗放型经济发展方式导致城市绿色转型困难，造成绿色全要素生产率较低。

在对中国各区域绿色全要素生产率分析的基础上，本书选取2011年、2013年、2016年和2019年作为时间断面，采用ArcGIS软件将绿色全要素生产率分为5梯度。从横向来看，绿色全要素生产率较高主要集中在东部沿海城市，如上海市、杭州市、厦门市以及深圳市，绿色全要素生产率较低主要集中在中部等资源型城市，如大同市、自贡市、平顶山市等。因此，在助推绿色全要素生产率的同时要着重关注于资源型城市的绿色转型问题。从纵向来看，2011~2019年绿色全要素生产率得到了较大幅度的改善。具体而言，2011年，绿色全要素生产率在全国地级市范围内基本处于较低范畴，在中国东北、西南、西北等地绿色全要素生产率并不高。2013年，城市环境问题得到一定的好转，中国东部沿海地区的长三角、珠三角、环渤海三大经济圈绿色全要素生产率得到了一定提升，在一定程度上呈现出"外围—中心"扩散的空间格局。但是，绿色全要素生产率在 2013 年出现区域之间差异性，中西部地区绿色全要素生产率增长低于东部地区。2016 年，绿色全要素生产率分布与 2013 年又产生较大的差异，西部地区在国家扶持性政策的助推下，积极转变经济发展方式，从以往的粗放式发展模式向集约式发展模式快速转变，区域内绿色全要素生产率得到了提升，2016 年，虽然中国绝大多数城市实现了绿色转型，但依然在东部地区。2019 年，东部地区经济发展模式已经得到转型，中西部地区绿色全要素生产率与东部地区之间的差距逐渐缩小。

总体而言，从绿色全要素生产率的空间分布情况来看，京津冀、珠三角、长江中游与长三角城市群绿色全要素生产率的增长速度偏高，中原与成渝城市群绿色全要素生产率相对偏低，反映出城市群之间在绿色协同发展中存在显著的空间异质性，尤其是东部沿海城市圈相对于内陆绿色全要素生产率发展水平更高。出现这一现象的深层原因可能在于：一方面，京津冀、珠三角、长三角地区作为中国正在重点建设的高水平世界级城市群，在经济规模和创新能力方面具有突出优势。同时，受益于京津冀、粤港澳大湾区、长三角协同发展的国家战略。沿海三大城市群在产业分工和生态协同治理方面成效显著，绿色全要素生产率得到提升。另一方面，中西部地区虽然有部分城市已经位列于中国一、二线城市，但在经济体量、科技创新、产业布局等方面，与东部沿海城市群仍有较大差距。同时，城市群内部空间结构和功能不够清晰，空间治理水平相对较低，导致城市群内部绿色全要素生产率增长空间略显不足（蔺鹏和孟娜娜，2021）。

4.3　本章小结

本章的主要工作是在前文文献梳理与理论分析的基础上，对数字经济发展水平与绿色全要素生产率的特征性事实进行分析。首先对数字经济发展水平的内涵、衡量测算以及特征分析进行界定；其次采用基于松弛测度模型（Slack-Based Measure，SBM）结合全局曼奎斯特-卢恩伯格（Global Malmquist-Luenberger，GML）指数法的非参数效率测算方法测算了中国 2010~2019 年 261 个城市绿色全要素生产率；最后对数字经济发展水平与绿色全要素生产率的时序特征与空间格局进行了统计分析，得到如下主要结论：

第一，中西部地区数字经济发展水平指数年均增长率高于东部地区，现阶段东部地区数字经济发展初期的红利消耗殆尽，数字化转型已经基本完成，中西部地区数字经济发展水平依然存在较高的数字红利；通过对中国 2010~2019 年各城市数字经济发展水平指数进行对比，发现中国数字经济发展的平均值在不断提升，并且各城市间的差距随着时间的推移也在逐渐缩小，但数字经济发展水平较高的城市依然主要集中在东部地区的一线城市。空间格局也证明，中国各地区间数字经济发展水平存在较为明显的"马太效应"，发达地区与欠发达地区形成了"数字鸿沟"现象，但随着时间的推移"数字鸿沟"开始逐渐减弱。

第二，现阶段中国城市绿色化转型在不断进步。从贡献因素来看，绿色全要素生产率指数的波动大致与技术进步波动相同，且技术进步的贡献大于技术效率，技术效率的波动相对于技术进步而言更加平稳，说明绿色全要素生产率的动力主要源于技术进步驱动的。东部地区绿色全要素生产率高于中西部地区绿色全要素生产率，中西部地区绿色全要素生产率增长仍有待提升。

第三，从绿色全要素生产率的空间分布情况来看，京津冀、珠三角、长江中游与长三角城市群绿色全要素生产率的增长速度偏高，中原与成渝城市群绿色全要素生产率相对偏低，反映出城市群之间在绿色协同发展中存在显著的空间异质性，尤其是东部沿海城市圈相对于内陆发展水平更高。

第5章 数字经济发展水平影响绿色全要素生产率的直接效应分析

  中国已步入高质量发展阶段,拥有多方面的优势和条件,但发展中的不平衡、不充分问题仍然突出。环境问题作为其中的集中体现,已成为制约中国实现高质量发展的重要因素之一。同时,数字经济近年来迅速崛起,借助大数据、5G、云计算和人工智能等技术的发展,已在全球范围内成为各国重构国家核心竞争力、挖掘新的经济增长动力的重要领域。前几章已经对数字经济发展水平推动绿色全要素生产率进行理论分析与演化特征讨论。本章结合面板回归模型,探究数字经济发展水平对绿色全要素生产率的总体影响。具体而言,采用加入城市与时间双维度的固定效应回归模型:一是考察数字经济发展水平对绿色全要素生产率的影响;二是考察数字经济发展水平对绿色全要素生产率影响的异质性。此外,本章从研究方法、模型设定、变量选择等角度出发,采用包括双重差分设计、样本选择模型以及工具变量法在内的研究设计进行多方面的稳健性检验,以排除样本选择性偏误和回归过程中的内生性问题。

5.1 数字经济发展水平影响绿色全要素生产率的直接效应检验

5.1.1 识别策略与实证模型设定

为了验证数字经济发展水平对绿色全要素生产率的影响，本书首先建立数字经济发展水平与绿色全要素生产率的散点拟合效果图。如图 5-1 所示，其中，横轴为数字经济发展水平，纵轴为绿色全要素生产率，图中表现出明显的正相关，即随着数字经济发展水平逐渐提升，绿色全要素生产率呈现出递增的趋势。散点图只能表示数字经济发展水平与绿色全要素生产率之间存在正相关，无法证明二者之间的因果关系，只能作为典型化事实分析。

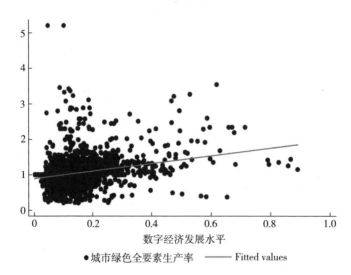

图 5-1 数字经济发展水平与绿色全要素生产率散点拟合效果图

为了得出数字经济发展水平与绿色全要素生产率之间更为严谨和精确的结论，本书进一步建立实证分析模型。借鉴现有文献思路（李晓阳等，2021；刘亚南和汤玉刚，2021；李凡等，2021）建立数字经济发展水平与绿色全要素生产率的双向固定效应模型，将一系列可能影响绿色全要素生产率的相关变量纳入分析框架中，以期更加严谨地刻画数字经济发展水平对绿色全要素生产率的影响。具体而言构建如下基准回归模型：

$$GTFP_{it}=c_0+\beta_1 DE_{it}+\beta_2 X_{it}+\mu_i+\varphi_t+\theta_{it} \tag{5-1}$$

式中，$GTFP_{it}$ 为第 i 城市第 t 年的绿色全要素生产率，DE_{it} 为第 i 城市第 t 年的数字经济发展水平，X_{it} 表示第 i 省份第 t 年的控制变量向量，μ_i 为城市固定效应，以控制地区层面无法观测且不能随时间变动的个体异质性，φ_t 为不可观测的时间固定效应，θ_{it} 为随机误差项，其中 c_0、β_1 和 β_2 均为待估计参数。若回归系数 β_1 显著为正值，那说明数字经济发展水平促进绿色全要素生产率，相反，若 β_1 为负，说明数字经济发展水平抑制了绿色全要素生产率。

5.1.2　变量的选择与定义

5.1.2.1　被解释变量

本书所测算的绿色全要素生产率（GTFP）作为被解释变量。需要特别说明的是，因第 3 章测算得到的绿色全要素生产率指数是相邻两期效率对比变化指数，是绿色全要素生产率的增长率，为了后续模型研究的方便。同时，也能够真实反映各城市层面绿色全要素生产率的实际情况，本书被解释变量 GTFP 采用绿色全要素生产率的累乘值（陈超凡，2016），从而得到 2010~2019 年绿色全要素生产率的绝对数值。

5.1.2.2　核心解释变量

本书的核心解释变量为第 3 章测算得出的数字经济发展水平（Dedl）。

5.1.2.3　相关控制变量

GTFP 可能受到多方面因素的影响，为了获得数字经济发展水平对 GTFP 的影响效应，本书需要在回归分析中引入相关控制变量，以脱离 GTFP 的其他影响因素。因此，本书根据已有文献的研究加入如下控制变量（纪建悦和孙亚男，2021；朱文涛等，2019；宝哲和周小亮，2021；何维达等，2022；李博和秦欢，2022；王培鑫和吕长江，2022）。

经济发展水平（*Cgdp*）。使用人均 GDP 衡量地区经济发展水平，对于这一控制变量的选取，考虑主要原因是过快追求经济高速发展这一单一目标而导致严重的环境污染问题（周黎安和刘冲，2004）。现阶段，中国大部分地区处于环境库兹涅茨曲线（Environment Kuznets Curve，EKC）的左侧（宋马林和王舒鸿，2011），随着经济发展水平的不断提升，城市环境污染不断上升（黄茂兴和林寿福，2013）。相关学者认为，造成中国城市环境污染强度较高的主要原因是：一方面，中国经济发展主要依赖粗放式发展模式，高增长、高耗能的工业占比较高，产业结构尚未转向高技术、高附加值，低污染的集约模式（涂正革，2012）；另一方面，在过度依赖工业发展经济的过程中，能源扭曲严重并且能源消耗速度远超其再生速度（陈诗一等，2010）。因此，现有证据已经充分表明，地区经济发展与环境污染之间存在联系。

资源依赖程度（*Dord*）。资源禀赋在中国工业化初期起到了重要的基础性作用，随着城市资源枯竭、环境恶化等问题的出现，城市严重依赖资源成为地区绿色低碳发展的阻碍。从城市发展的角度而言，资源型城市对于新动能、新产业的培育力度不足，缺乏技术引进，高耗能、低产出的问题日益严重，陷入不可持续发展的模式（张艳等，2022）。对于资源依赖程度的衡量，考虑到自然资源的开采不仅与其资源储备总量有关，还与开采结构紧密相连。尤其是矿产资源，在开采前期需要大量投入，机械设备重置成本高。在开采技术不变的情况下，城市采矿业从业人数可以很好地反映该城市对资源的依赖程度。因此，本书借鉴邵帅和杨莉莉（2010）；李婉红和李娜（2021）；马若微和李菲菲（2021）的做法，采用城市采矿业从业人数占总就业人数的比重对城市资源依赖进行衡量。

环境治理程度（*Doeg*）。随着社会不断发展与进步，环境问题所带来的影响逐渐凸显出来，各级政府在环境治理问题中起着绝对的主导作用，其主要体现在城市环境问题的治理效果上。因此，本书采用城市污水集中处理率的百分比用于衡量环境治理程度。

教育支持力度（*Lohc*）。教育支持力度在 *GTFP* 中有着非常重要的影响，当地区人均受教育水平较低时会限制企业使用先进的机器设备以及生产技术，在生产过程中企业只能从事价值链低端的生产，所生产的产品价值相对较低，不利于资源节约与环境保护，抑制了 GTFP。当地区人均受教育水平较高时，企业可以借鉴先进技术，提高资源使用效率，降低污染。与此同时，城市较高人力资本与产业结构相融合，能够很好地发挥出产业优势，提升产品附加值，有利于资源节约与环境保护，促进 GTFP 的提升。因此，本书采用各地级市教育经费投入占 GDP 的比重衡量教育支持力度。

基础设施水平（Lor）。一方面，城市基础设施建设具有正向的外部溢出效应，可以增加区域内的经济吸引力，交通和通信基础设施的建设与完善都会降低物质资本的运输成本（周雯雯等，2020），由此减少交通运输产生的环境污染。此外，基础设施的不断完善也会吸引人力资本，为技术创新提供支撑，促进产业集聚，推动城市绿色发展。另一方面，城市基础设施建设会增加水泥、钢材等建筑材料的使用，由此增加了城市碳排放，对 GTFP 可能会产生抑制作用（冯博和王雪青，2015）。因此，本书采用建设用地面积表征基础设施建设水平。

绿色出行程度（Gtd）。随着中国城市化进程不断推进，民众私有汽车数量不断攀升，城市交通所引发的环境污染问题逐渐突出。公共交通是现代城市发展的主要方向，是加强城市交通治理、提升城市居民生活品质的有效保障，公共交通作为经济发展的先行官，其绿色经济增长的作用被业界诸多学者关注（李金培和徐丽群，2022；汪克亮和庞素勤，2021；韩燕等，2021）。公共交通所产生的外部性将直接或者间接的对区域环境造成影响（张明志等，2019）。因此，本书采用每万人城市公共汽电车客运总量用于衡量绿色出行程度。

政府调控政策引导程度（Dogr）。政府调控政策引导对于 GTFP 的影响往往是不确定的，一方面，政府调控政策引导可以激励产业结构调整，降低产业结构扭曲程度，弥补市场经济的不足，从而推动 GTFP 的增长（焦勇和杨蕙馨，2019）；另一方面，地方政府在地方经济发展绩效的考核下，往往会采用不合理的财政补贴政策影响产业选择，导致过快的经济增长，造成城市环境污染问题的加剧（刘满凤等，2019）。政府所主导的资源配置效率对社会产生影响也不明确，当政府调控政策引导处于合理范围内，才能抑制市场由于盲目调节或时滞性所带来的效率损失（邵帅，2013）。考虑到政府一般通过财政补贴的手段对经济发展进行干预，因此，本书参考董直庆和王辉（2019）、宝哲和周小亮（2022）、程中华等（2021）和聂雷等（2021）的研究，采用财政支出占 GDP 的比重衡量。

城市绿化程度（*Doug*）。*GTFP* 的非期望产出中，二氧化碳在一定程度上受到光合作用从而减少排放，绿色碳汇成为影响城市二氧化碳排放重要因素。增加城市绿色覆盖率成为应对气候变化，推动经济又好又快发展的科学选择。因此，本书采用城市绿色覆盖率用于衡量城市绿化程度。

5.1.3　样本选择与数据来源

本书依据 2010~2019 年中国地级市及其以上城市（包括地级市和直辖市）为样本进行实证分析。数据来源方面，考虑中国地级市以上的城市较多且本书所涉及 10 年的面板数据，为了尽可能获得较为全面的指标数据，研究主要基于历年《中国统计年鉴》《中国城市统计年鉴》《中国城市建设统计年鉴》《中国能源统计年鉴》。对于上述年鉴中存在缺失值的情况，通过采用线性插值、邻近替代和多重补缺的方法对其补缺。本书最终获得 2010~2019 年中国 261 个地级市及以上城市（包括直辖市）的有效样本。数字经济发展水平与绿色全要素生产率的相关变量的描述性统计结果如表 5-1 所示。

表 5-1　数字经济发展水平与绿色全要素生产率的相关变量描述性统计

变量类别	变量符号	定义	样本量	均值	标准差	最小值	最大值
被解释变量	*GTFP*	*GTFP* 累乘值	2610	1.0301	0.3806	0.2059	5.2112
核心解释变量	*Dedl*	数字经济发展水平测算值	2610	0.1338	0.0994	0.0015	0.89
控制变量	*Cgdp*	人均 GDP 自然对数	2610	10.6366	0.5932	8.5762	12.5793
	Dord	城市采矿业从业人数占总就业人数的比重	2518	0.1041	0.2049	0.0138	1.8428
	Doeg	城市污水集中处理率	2610	85.4794	14.6030	23.4000	136.5
	Lohc	教育经费投入占 GDP 比重	2610	0.0338	0.0180	0.0075	0.1585
	Lor	建设用地面积自然对数	2610	4.4923	0.9370	-0.6733	7.9778
	Gtd	每万人城市公共汽电车客运总量	2447	33.6058	70.1294	250.1341	457.0485
	Dogr	财政支出占 GDP 的比重	2610	0.0788	1.2502	7.5796	42.9054
	Doug	城市绿色覆盖率	2600	39.7095	5.8110	2.96	95.25

5.2 经验检验与实证结果分析

5.2.1 多重共线性检验

在宏观经济数据中，很少有绝对严格的多重共线性，较为常见的是近似的多重共线性，其具体表现为，若第 i 个自变量 x_i 对其余自变量 $\{x_1, \cdots, x_{i-1}, x_{i+1}, \cdots, x_i\}$ 进行回归，所得方差较高。如果回归方程存在近似的多重共线性，模型依然是最佳线性无偏估计，然而，其并不意味着模型估计方差在绝对意义上小（陈强，2014）。与此同时，在近似多重共线性的情况下，矩阵 $(X'X)$ 变得不可逆，从某种意义上而言，$(X'X)^{-1}$ 会变得很大，导致方差 $Var(h\mid X)=\sigma^2(X'X)^{-1}$ 变大，从而很难准确估计系数变化。更为重要的是，在这种情况之下，一旦数据矩阵 X 发生变化，会导致 $(X'X)^{-1}$ 产生变化，造成模型的估计偏误。具体变现为，一方面，尽管模型 R^2 较大，且 F 检验系数也较为显著，但单个系数 t 值却不显著，甚至出现系数符号与理论假设相反情况。另一方面，增减自变量可能会导致估计值出现较大变化。因此，在对模型参数估计前，为了避免各个变量之间相关性过高，而引起模型的估计准确性偏差问题，需要对模型进行多重共线性检验。多重共线性检验，一方面，对变量之间的相关系数进行判别，其相关系数绝对值低于 0.8，说明各变量之间不存在明显的多重共线性；另一方面，对各个变量之间的方差膨胀因子（Variance Inflation Factor，VIF）进行测算，当 VIF 小于 10 时，认为变量间不存在明显的多重共线性问题（陈强，2014）。其协方差矩阵主对角线上第 n 个元素的估计方程为：

$$Var(h_n\mid X)=\sigma^2/(1-R_n^2)S_n \tag{5-2}$$

式中，我们需要更加关注 $(1-R_n^2)$。因此，定义第 n 个自变量 x_n 的 VIF 为：

$$VIF_n=1/(1-R_n^2) \tag{5-3}$$

进一步，则有：

$$Var(h_n \mid X) = VIF_n \times (\sigma^2 / S_n) \tag{5-4}$$

通过以上公式对变量进行多重共线性检验，结果如表5-2所示。表中对各个变量的方差膨胀因子都做了结算，其中，被解释变量的方差膨胀因子为1.54，变量中膨胀因子最大的为1.90，明显在规定值10以内。从综合相关系数矩阵与方差膨胀的检验结果来看，可以认为，本书不存在严重的多重共线性，其回归结果不会受到多重共线性的显著影响，可以进行下一步分析。

表5-2　相关变量方差膨胀因子统计

变量	VIF	1/VIF
Dedl	1.54	0.6477
Cgdp	1.02	0.9831
Dord	1.06	0.9420
Doeg	1.36	0.7327
Lohc	1.53	0.6519
Lor	1.90	0.5258
Gtd	1.10	0.9087
Dogr	1.01	0.9890
Doug	1.36	0.7327

5.2.2　实证结果分析

面板数据在建立模型前，需要对模型的设定形式进行选择，面板数据建模形式主要有三种：固定效应模型（FE）、随机效应模型（RE）和混合效应模型（PA）。本书采用豪斯曼估计（Hausman）。从检验结果可以得出，其 P 值为0.000，强烈拒绝随机效应模型最优的原假设。因此，本书选择建立城市与时间双维度的固定效应模型。

表5-3 为数字经济发展水平（*Dedl*）影响 *GTFP* 的基准检验结果，第（1）列为未加入控制变量集，由第（1）列的回归系数可以看出，在对时间维度

与城市维度进行双向固定的前提下，数字经济发展水平对 *GTFP* 具有正向的促进作用，表现为其回归系数在 1% 的水平上显著为正，即数字经济发展水平每提升 1 个单位，会带来 *GTFP* 提升 1.3669 个单位。

第（2）列在模型（1）的基础上加入第一个控制变量经济发展水平（*Cgdp*）。从第（2）列的模型回归结果可以看出，在对时间维度与城市维度进行双固定的前提下，核心解释变量的系数方向以及显著性并未发生改变，模型的 R^2 有所提升。这表明，在加入的第一个控制变量以后，模型在一定程度上缓解了遗漏变量的问题。回归系数表明，数字经济发展水平提升 1 个单位，会带来 *GTFP* 提升 1.3645 个单位。

第（3）列在模型（2）的基础上加入了第二个控制变量资源依赖程度（*Dord*），从第（3）列的模型回归结果可以看出，在对时间维度与城市维度进行双固定的前提下，核心解释变量的系数方向以及显著性并未发生改变，模型的 R^2 有所提升，表明通过加入该控制变量，使模型在一定程度缓解了遗漏变量问题，其回归系数表明，数字经济发展水平提升 1 个单位，对 *GTFP* 提升了 1.4001 个单位。

第（4）列在模型（3）的基础上加入了第三个控制变量环境治理程度（*Doeg*），从第（4）列的模型回归结果可以看出，在对时间维度与城市维度进行双固定的前提下，核心解释变量的系数方向以及显著性并未发生改变，模型的 R^2 有所提升，表明通过加入该控制变量，使模型在一定程度上缓解了遗漏变量问题，其回归系数表明，数字经济发展水平提升 1 个单位，对 *GTFP* 提升了 1.4035 个单位。

第（5）列在模型（4）的基础上加入第四个控制变量教育支持力度（*Lohc*），从第（5）列的模型回归结果可以看出，在对时间维度与城市维度进行双固定的前提下，核心解释变量的系数方向以及显著性并未发生改变，模型的 R^2 有所提升，表明通过加入该控制变量，使模型在一定程度上缓解了遗漏变量问题，其回归系数表明，数字经济发展水平提升 1 个单位，对 *GTFP* 提升了 1.3802 个单位。

第（6）列在模型（5）的基础上加入第五个控制变量基础设施水平（*Lor*），

从第（6）列的模型回归结果可以看出，在对时间维度与城市维度进行双固定的前提下，核心解释变量的系数方向以及显著性并未发生改变，模型的 R^2 有所提升，表明通过加入该控制变量，使模型在一定程度上缓解了遗漏变量问题，其回归系数表明，数字经济发展水平提升 1 个单位，对 GTFP 提升了 1.3919 个单位。

第（7）列在模型（6）的基础上加入第六个控制变量绿色出行程度（Gtd），从第（7）列的模型回归结果可以看出，在对时间维度与城市维度进行双固定的前提下，核心解释变量的系数方向以及显著性并未发生改变，模型的 R^2 有所提升，表明通过加入该控制变量，使模型在一定程度上缓解了遗漏变量问题，其回归系数表明，数字经济发展水平提升 1 个单位，对 GTFP 提升了 1.2232 个单位。

第（8）列在模型（7）的基础上加入第七个控制变量政府调控政府引导程度（Dogr），从第（8）列的模型回归结果可以看出，在对时间维度与城市维度进行双固定的前提下，核心解释变量的系数方向以及显著性并未发生改变，模型的 R^2 有所提升，表明通过加入该控制变量，使模型在一定程度上缓解了遗漏变量问题，其回归系数表明，数字经济发展水平提升 1 个单位，对 GTFP 提升了 1.2231 个单位。

第（9）列在模型（8）的基础上加入第八个控制变量城市绿化程度（Doug），从第（9）列的模型回归结果可以看出，在对时间维度与城市维度进行双固定的前提下，核心解释变量的系数方向以及显著性并未发生改变，模型的 R^2 有所提升，表明通过加入该控制变量，使模型在一定程度上缓解了遗漏变量问题，其回归系数表明，数字经济发展水平提升 1 个单位，对 GTFP 提升了 1.2360 个单位。

整体而言，从第（2）列至第（9）列通过依次加入可能对 GTFP 影响的控制变量以后，数字经济发展水平提升了 GTFP，并且在 1% 的水平上显著，在逐步加入控制变量的情况下，这种关系依然存在，最终核心解释变量的系数为 1.2360，从描述性统计可知，被解释变量 GTFP 的均值为 1.0301。因此，从回归的经济含义而言，如果数字经济发展水平提升 1 个单位，会带来 GTFP 提升 19.9%。并且，通过以上实证分析可以得出假设 1 成立。

表5-3　数字经济发展水平对GTFP影响的基准回归结果

变量	(1)	(2)	(3)	(4)	(5)	(6)	(7)	(8)	(9)
Dedl	1.3669 ***	1.3645 ***	1.4001 ***	1.4035 ***	1.3802 ***	1.3919 ***	1.2232 ***	1.2231 ***	1.2360 ***
	(0.1523)	(0.1524)	(0.1529)	(0.1530)	(0.1523)	(0.1523)	(0.1674)	(0.1675)	(0.1682)
Cgdp		−0.0083 *	−0.0026 *	−0.0024 *	−0.0037 *	−0.0045 *	−0.0075 *	−0.0074 *	−0.0059 *
		(0.0148)	(0.0149)	(0.0970)	(0.0148)	(0.0148)	(0.0154)	(0.0154)	(0.0155)
Dord			−0.2369 ***	−0.2428 ***	−0.2203 ***	−0.2254 ***	−0.1916 **	−0.1907 **	−0.1937 ***
			(0.0965)	(0.0970)	(0.0966)	(0.0966)	(0.0962)	(0.0962)	(0.0963)
Doeg				0.0003	0.0004	0.0003	0.0011 **	0.0011 *	0.0011 *
				(0.0006)	(0.0006)	(0.0006)	(0.0006)	(0.0006)	(0.0006)
Lohc					5.5103 ***	5.3884 ***	4.7933 ***	4.7868 ***	4.8832 ***
					(1.1580)	(1.1586)	(1.1581)	(1.1584)	(1.1611)
Lor						0.0688 **	0.0329	0.0330	0.0383
						(0.0329)	(0.0346)	(0.0347)	(0.0348)
Gtd							0.0006 **	0.0006 ***	0.0005 ***
							(0.0003)	(0.0003)	(0.0003)
Dogr								−0.0026	−0.0026
								(0.0057)	(0.0057)
Doug									0.0002 *
									(0.0017)
_cons	0.9812 ***	1.0688 ***	0.9795 ***	0.9520 ***	1.1226 ***	0.8336 ***	0.9823 ***	0.9808 ***	0.9495 ***
	(0.0165)	(0.1577)	(0.1586)	(0.1653)	(0.1683)	(0.2176)	(0.2239)	(0.2240)	(0.0406)
时间固定效应	YES	YES	YES	YES	YES	YES	YES	YES	YES
城市固定效应	YES	YES	YES	YES	YES	YES	YES	YES	YES
N	2610	2610	2518	2518	2518	2518	2355	2355	2345
R²	0.1068	0.1069	0.1121	0.1123	0.1211	0.1229	0.1396	0.1397	0.1410

注：1%、5%、10%的显著性水平分别用***、**、*表示，括号内为标准误（本章下同）。

对于其他控制变量的回归结果来看，基本上符合预期。以人均 GDP 衡量的经济发展水平（Cgdp）对 GTFP 具有显著的负向影响，意味着经济发展水平不断提升会对 GTFP 带来负面影响。这一结论表明，在经济发展的初期阶段，经济增长、人均收入的提升会导致 GTFP 的下降，为了验证本书是否存在环境库兹涅茨曲线（Environmental Kuznets Curve，EKC）又在回归模型加入经济发展水平的二次项（$Cgdp^2$），结果表明①，其回归结果显著为正，意味着当经济发展超过临界值时，人均收入的提升反而有助于 $GTFP$ 改善，这一结论与彭水军和包群（2006）、Kuznets（1955）结论一致，从而间接证明了环境—收入间库兹涅茨倒 U 形曲线的存在。

以城市采矿业从业人数占城镇就业总人数衡量的资源依赖程度（$Dord$）对 $GTFP$ 具有显著的负向影响。这意味着中国现阶段资源型地区普遍面临着城市绿色发展"资源诅咒"的困境（李江龙和徐斌，2018；王普查和孙冰雪，2019）。资源依赖型城市在中国经济持续增长、保障资源与能源供给中发挥着重要作用，其经济转型是目前城市发展亟待解决的核心问题。

以城市污水处理率衡量的环境治理程度（$Doeg$）在模型（7）～模型（9）对 $GTFP$ 具有显著的正向影响，但回归系数较小，说明环境治理程度对 $GTFP$ 具有提升作用，城市环境治理可能表现在好的方面较多，如城市垃圾转运、城市固体废弃物处理、城市废气处理等，水污染处理虽然对 $GTFP$ 有所提升，但影响较小。

以教育经费支出占 GDP 比重衡量的教育支持力度（$Lohc$）对 $GTFP$ 具有显著的提升作用，模型回归系数较大且在 1% 的水平上非常显著，意味着教育支持力度对 $GTFP$ 影响较大，即教育支持是现阶段实现经济社会转型的关键，也是科技创新的主体，所伴随的人力资本提升给城市环境带来了改善（何伟军等，2022）。

以建设用地面积衡量的城市基础设施建设水平（Lor）对于提升 $GTFP$ 的效果仅在模型（6）显著，当纳入其他控制变量后而变得不显著，表明城市建设用地面积增加对于提升城市环境质量的作用并不明显。

以每万人城市公共汽电车客运总量衡量的绿色出行程度（Gtd）对 $GTFP$ 的影响具有显著的提升作用。这意味着绿色出行对于城市环境具有一定改善作用。

以政府财政支出占 GDP 比重衡量的政府调控政府引导程度（$Dogr$）对于 $GTFP$ 的影响并不显著，表明政府的财政支出效率存在明显的不足，现阶段无法

---

① 回归方程设计和控制变量与前文相同，依然采用时间维度与城市层面的双固定效应模型，限于篇幅检验结果在此不再——列举，笔者备索。

改善城市环境污染，该结论与邵帅等（2013）研究结论一致。

以城市绿色覆盖面积衡量的城市绿化程度（*Doug*）对 *GTFP* 的影响具有显著的提升作用，意味着城市绿化水平在一定程度可以通过光合作用改善空气碳排放，缓解城市污染。

5.3　稳健性检验

在前文的基准模型回归分析中，本书检验了数字经济发展水平促进 *GTFP*，但其结果可能会受到各类内生性因素影响，从而产生偏误。基于此，为了排除内生性因素的影响，提高基准回归结果的可靠性，本书首先从双重差分设计、样本选择模型等方面处理数字经济发展水平对 *GTFP* 影响效应中的选择性偏误；进一步地，从研究设计、方法选择、工具变量估计等不同层面出发，讨论处理以指标测算误差、遗漏变量和逆向因果等为代表的内生性问题，由此论证基准回归分析所获得结论的可靠性。

5.3.1　双重差分设计

在模型的评估过程中，选择性偏误是内生性的主要来源。选择性偏误是在研究过程中所产生的因样本选择非随机性而导致结论存在的偏差，主要包括来自解释变量非外生性的自选择偏误和来自样本非随机的样本选择性偏误两类。基于此，本书采用双重差分模型（Difference-In-Differences，DID）解决模型的自选择偏误问题。其中，核心解释变量数字经济发展水平的测算是以互联网为基础，互联网相关政策是发展数字经济的有效载体，早在 2013 年，中华人民共和国国家发展和改革委员会发布了《关于开展下一代互联网示范城市建设工作的通知》，指出在具备一定数字化基础设施建设的城市中，先行支持建设一批具有典型数字化带动作用的示范城市，充分发挥数据在新时代所表现出的规模性、时效性、低耗性、绿色性等特点，使其成为推动经济发展的关键生产要素。其政策总体目标是加强示范区城市数字化基础设施建设，加快互联网数据中心、业务系统、支撑系统等基础设施的升级改造，结合物联网、大数据等新兴数字化服务，在重点领域开发特色应用，积极培育互联网企业，形成数字化产业聚集区域，创新现有发展模式，提升区域内数字安全保障，促进我国互联网快速健康发展。然后，依据"基础设施、用户覆盖、网络应用、产业发展、安全措施"等对示范城市进行考核。中国推出下一代互联网示范城市，旨在促进数字经济发展水平与经济社会的深度融合发展，推动生态文明建设，形成经济社会与生态治理相互和谐的良好格局。因此，本书采用下一代互联网示范城市政策评估数字经济发展水平对 GTFP 的影响。

基于此，本书在工信部网站、中央政府门户网站和国家发展改革委网站手动收集截至 2019 年我国所颁布的下一代互联网示范城市名单。下一代互联网示范城市的建设，既会导致示范城市与样本间非示范城市之间的区域差异，又会导致示范城市建设的前后差异，因此，两种差异为本书塑造了良好的准自然试验环境。该政策试点始于 2013 年，在样本区间，有 22 个城市被作为具有典型带动作用的示范城市，我们依据地级市是否为试验区，将样本划分为实验组和控制组，以检验下一代互联网示范城市对 GTFP 的净效应。由于国家对于下一代互联网示范城市的选择可能和其他政策变量一致，不具有外生性，会对城市中影响 GTFP 的因素进行考虑，而这些相关因素不可能被完全观测与控制，若直接使用 OLS 估计势必会对政策评价结果产生影响。鉴于此，本书采用双重差分模型进行识别，实证模型的设定如下：

$$Gper_{it} = \alpha_0 + \beta_1 Internet\_city_{it} + Controls_{it} + \mu_{it} + \lambda_{it} + \varepsilon_{it} \tag{5-5}$$

式中，i 表示城市，t 表示时间，$Gper_{it}$ 代表 GTFP，$Internet\_city_{it}$ 代表下一代互联网城市试点的虚拟变量，城市在成为试点后取值为 1，其余年份取值为 0，$Controls_{it}$ 代表一系列的控制变量，μ 和 λ 分别为城市固定效应与年份固定效应，ε 为随机误差项。需要特别说明的是，本书选取下一代互联网示范城市的分组虚拟变量（$treat_{it}$）、时间虚拟变量（$period_{it}$）二者的交互项（$Internet\_city$）作为核心解释变量，当该城市为下一代互联网示范城市时，统一赋值为 1，其余为 0，该城市成为试点当年以及之后的年份赋值为 1，其余为 0。其他被解释变量与控制变量均与基准回归一致，相关变量的描述性统计参见附录。

双重差分估计有效性的前提要求是实验组与对照组在建模之前满足平行趋势假设。在本书基准模型回归当中，平行趋势假定指如果没有实施下一代互联网示范城市政策，那么试点城市与非试点城市碳排放量的变化趋势应该是一致的，如果在下一代互联网示范政策实施之前，试点城市与非试点城市的碳排放量就存在明显差异，那么就不能确定这种差异是不是因为国家实施了下一代互联网政策所导致的，本书平行趋势检验覆盖了试点政策实施前 3 年和政策实施后 6 年的数据。如图 5-2 所示，横轴表示下一代互联网示范城市政策实施的时间点，纵轴表示城市碳排放量，虚线为下一代互联网示范城市政策实施年份。虚线为基期设定时间点即为政策颁布时间 2013 年，横轴为政策时间点，纵轴为政策动态效应。在政策颁布前后出现明显差异，在政策颁布之前为正，政策颁布之后开始为负。表明下一代互联网示范城市政策对于 GTFP 的影响是存在的。据此，可以认为本研究通过了平行趋势假设，适合采用双重差分模型评估下一代互联网示范城市政策对 GTFP 的影响。

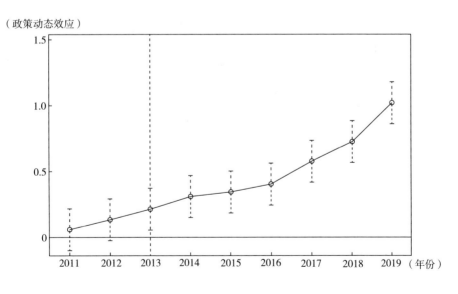

图 5-2　平行趋势检验

借助双重差分模型控制城市固定效应与时间固定效应以考察下一代互联网示范城市政策对 GTFP 的影响。模型估计结果如表5-4所示，第（1）列报告了 Internet_city 在仅控制城市固定效应和时间固定效应下，估计系数在1%的水平上显著为正，为了进一步缓解遗漏变量所导致的估计偏误，在第（2）列中加入可能影响 GTFP 的控制变量后，Internet_city 的估计系数在1%的水平上显著且系数为正，R^2 由 0.1228 上升到 0.1393，增幅达 13.4%。显然，在引入一系列控制变量后对缓解遗漏变量有一定的效果。

表5-4 双重差分模性回归结果

变量	（1）	（2）	（3）
Internet_city	0.4505*** (0.0403)	0.4218*** (0.0490)	0.4423*** (0.0466)
_cons	1.0000*** (0.0162)	0.8967*** (0.2310)	0.9672*** (0.3058)
控制变量	NO	YES	YES
时间固定效应	YES	YES	YES
城市固定效应	YES	YES	YES
N	2610	2345	1402
R^2	0.1228	0.1393	0.1878

由表5-4第（2）列结果可知，被评为下一代互联网示范城市后其 GTFP 提高约 42.1%，表明在其他条件不变的前提下，试点城市 GTFP 要高于非试点城市。基于以上实证结论，可以充分表明该政策对试点城市 GTFP 的促进效应。

至此，本书有理由认为，双重差分模型初步验证了数字经济发展水平有助于推动 GTFP 的提升这一基准回归结果的稳健性。

5.3.2　倾向匹配双重差分模型

倾向匹配（PSM）是 1983 年由 Rosebaum 和 Rubin 提出的，实质上是一种"降维"，即将多个协变量变为一个协变量，从而创造出一个"准随机试验"，以减少选择性偏误。倾向匹配的基本原理是，假设 N_i 属于处理组，N_j 属于控制组，从控制组 N_i 中找出与处理组 N_j 尽可能相似，即 N_i 约等于 N_j。基于倾向匹配的"可忽略"假设，对于处理组的每一个个体 i 进行匹配，假设存在 N_{ic} 个匹配对象，则对于每个匹配对象 $j \in C_j$，有权重 $W_{ij} = 1/N_{ic}$，如果匹配对象 $j \notin C_j$，则其权重为 0。在对数据进行倾向匹配以后，处理组 N_i 和控制组 N_j 中的观察数据会尽可能相似，以接近准自然实验，从而减少回归误差。对此，为了增加数字经济发展的推进政策下一代互联网城市模型回归的可信度，本书将倾向匹配与双重差分设计结合，然后将实验组样本匹配到特定的对照组样本中，并且剔除无法建立匹配关系的样本，从而使得准自然实验更加接近随机效果来进行稳健性检验。在运用倾向匹配双重差分时，需要对下一代互联网示范城市的实验组城市与对照组城市进行匹配，从而降低在确立试点名单时因为非随机选择所造成内生性问题。

具体而言，需要通过是不是下一代互联网示范城市的虚拟变量对控制变量进行 Logit 回归，得到倾向匹配值，倾向匹配值最为接近的城市即为下一代互联网示范城市的配对城市。但需要注意的是，在进行倾向匹配双重差分处理前，必须满足匹配效果平衡性检验，本书参考余泳泽（2020）、逯进和王晓飞（2019）等的研究，用控制变量即经济发展水平（$Cgdp$）、资源依赖程度（$Dord$）、环境治理程度（$Doeg$）、教育投入力度（$Lohc$）、基础设施水平（Lor）、绿色出行程度（Gtd）、政府干预程度（$Dogr$）和城市绿化程度（$Doug$）替代协变量，由于本书包含处理组与控制组 261 个城市，时间跨度为 10 年，采用核匹配（Kernel Regression Matching）的方法进行假设性检验。

采用核匹配的方法进行假设性检验，总城市样本数量减少 982 个样本，各变量的偏差大幅下降，协变量均不显著且标准偏差绝对值低于 20%，说明该匹配结果有效，然后对匹配后的结果进一步使用双重差分的方法进行回归，结果如表 5-4 第（3）列所示，下一代互联网示范城市政策显著提升了 $GTFP$。这表明前文基准回归结果具有一定稳健性。

5.3.3 安慰剂检验

为了剔除本书其他因素所造成的影响，以确保研究结论是数字经济发展水平引起的，需要对其进行安慰剂检验。一般而言，安慰剂检验主要包括两种：一是改变下一代互联网示范城市的政策发生时点，此时本书安慰剂检验的作用与经典双重差分设计的平行趋势检验相同，均是考察下一代互联网示范城市政策发生前基准回归中的倍差项目对被解释变量回归系数的显著性，若不显著则表明研究结论具有稳健性。二是随机抽取实验样本，观测回归系数的显著性或者其核密度值的分布情况，若下一代互联网示范城市政策的回归系数不显著，或者其核密度值集中分布于 0 附近，表明通过检验。第一种方法主要适用于长样本数据，第二种方法对样本区间要求较为宽松。因此，本书选择第二种方法评估下一代互联网示范城市政策对 GTFP 的影响。首先，借鉴 Cantoni 等（2017）的研究构造安慰剂检验，以判断下一代互联网示范城市对 GTFP 的促进作用是否由其他随机因素引起。其次，根据 261 个城市中下一代互联网示范城市的分布情况，随机生成处理组并且重复 1000 次进行回归，得到 1000 次回归中下一代互联网示范城市政策变量的估计系数。最后，绘制出估计系数分布的核密度图。如图 5-3 所示，随机分配的估计值在 0 附近基本服从正态分布，说明下一代互联网示范城市在这些 1000次的随机抽样中均没有显著效果。这证明了本书回归结果具有一定的稳健性。

5.3.4 变量替换

5.3.4.1 替换被解释变量

（1）将被解释变量替换成其他污染排放物。本书已经证实了数字经济发展水平可以促进 GTFP 的提升，从而带来城市绿色发展，那么数字经济发展水平也应是能够降低城市其他污染排放物。城市中所产生的污染物主要是能源损耗所产生的，污染物占比较高的属于煤炭燃烧所产生的污染物，煤炭燃烧产生的污染物主要是 CO_2、SO_2 和 PM2.5。因此，本书采用城市层面 PM2.5 排放强度作为 GTFP 替代变量，以检验数字经济发展水平的"减排效应"。需要特别说明的是，

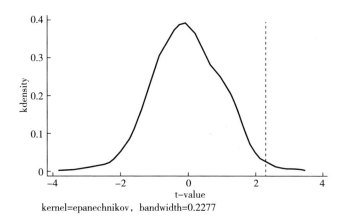

kernel=epanechnikov，bandwidth=0.2277

图 5-3　安慰剂检验

由于城市层面 PM2.5 存在较多极端值，为保证实证结果的可靠性，先对该变量采取截尾处理，即将样本中分布最大与最小 1% 的离群样本进行删除，然后做对数化处理。相关变量的描述性统计见附录。

如表 5-5 所示，第（1）列是控制了城市固定效应与时间固定效应以后未引入控制变量的回归结果，结果表明，数字经济发展水平对城市 PM2.5 具有显著的缓解作用。具体而言，数字经济发展水平每提升一个单位城市 PM2.5 含量会降低 7.12%。在第（2）列加入控制变量以后，数字经济发展水平对于城市 PM2.5 依然显著负相关，且回归结果 R^2 有所增加，控制变量的增加在一定程度上缓解了遗漏变量的问题，从第（2）列可以看出，数字经济发展水平每提升 1 个单位，就会带来城市 PM2.5 含量降低 8.5%，该结论与吕民乐和陈颖瑶（2021）结论一致。这表明，数字经济发展水平可以有效缓解城市污染物排放，进一步证实了本书基准回归结果的稳健性。

表 5-5　变量替换后模型回归结果

变量	（1）	（2）	（3）	（4）	（5）	（6）
Dedl	-0.0712*	-0.0855**	0.1157***	0.1050***	1.8176***	2.1347***
	(0.0449)	(0.0497)	(0.0081)	(0.0089)	(0.9233)	(0.9628)

变量	（1）	（2）	（3）	（4）	（5）	（6）
_cons	3.7943***	4.0296***	0.0467***	0.0304***	0.9753***	−1.0997
	（0.0049）	（0.0691）	（0.0009）	（0.0123）	（0.1002）	（1.4235）
控制变量	NO	YES	NO	YES	NO	YES
时间固定效应	YES	YES	YES	YES	YES	YES
城市固定效应	YES	YES	YES	YES	YES	YES
N	2558	2313	2610	2345	2596	2494
R^2	0.7641	0.7741	0.2933	0.2610	0.1283	0.1296

（2）构建综合指标体系测算城市环境指数作为被解释变量。本书虽然基于松弛测度（SBM）结合全局曼奎斯特-卢恩伯格（GML）指数法对 $GTFP$ 进行了测算，但指数法也有可能会错误的衡量 $GTFP$，从而导致研究结论受到 $GTFP$ 测量误差的影响。为此，本书借鉴王昀和孙晓华（2017）年的研究采用综合指标构建中国城市环境指数用于替代被解释变量，所构建指标主要分为两个二级指标：一个为环境污染，所包含三级指标主要为工业二氧化硫排放量、工业废水排放量、工业烟粉尘排放量和二氧化碳排放量；另一个为环境治理，所包含三级指标主要是一般工业固体废弃物综合利用率、生活垃圾无害化处理率、绿地面积和公园绿地面积。环境污染维度主要是负向指标，环境治理维度主要是正向指标。采用熵值法对中国环境指数进行测算，测评体系构建见附录。

通过采用熵权法对中国城市环境指数进行测算并替代被解释变量进行模型回归，各个变量的描述性统计结果见附录。如表5-5所示，第（3）列为控制了城市固定效应与时间固定效应以后未引入控制变量的回归结果，结果表明，数字经济发展水平对中国城市环境指数具有显著的促进作用。具体而言，数字经济发展水平每提升1个单位会带来中国城市环境指数提升0.1157个单位。在第（4）列加入控制变量以后，数字经济发展水平对于中国城市环境指数依然显著正相关。具体而言，数字经济发展水平每提升1个单位会带来中国城市环境指数提升0.1050个单位。这表明数字经济发展水平对于中国城市环境指数具有一定的提升作用，进一步证实了本书基准回归结果的稳健性。

（3）使用 DEA-GML 指数法重新计算 *GTFP*。针对基于松弛测度（SBM）结合全局曼奎斯特卢恩伯格（GML）指数法在测度跨期方向性距离函数时可能出现潜在的线性规划无解和非传递性问题，为解决这一问题，本书借鉴 Oh（2010）、李博等（2022）的思路构建 DEA-GML 指数对 *GTFP* 进行重新测算。设研究总期数为 N，利用每个城市第 t 期的投入与产出值，构造出生产可行合集。

$$\begin{cases} \vec{D}(k,\ l,\ e,\ g_y,\ g_b) = \max\beta \\ \text{s.t.} \sum_{n=1}^{N}\lambda_n k_n \leqslant k' \sum_{n=1}^{N}\lambda_n l_n \leqslant l' \sum_{n=1}^{N}\lambda_n e_n \leqslant e' \sum\lambda_n y_n \leqslant y' + \beta g_y \\ \sum_{n=1}^{N}\lambda_n b_n \leqslant b' - \beta g_b \\ \sum_{n=1}^{N}\lambda_n = 1 \quad \lambda n \leqslant 0 \quad \beta \in [0,\ 1] \end{cases} \tag{5-6}$$

式中，$\vec{D}$ 表示方向性距离函数；β 表示期望产出最大化以及投入指标和非期望产出最小化；k、l、e 表示资本、劳动、能源三种生产要素；y 表示期望产出，b 表示非期望产出；$g = (g_y,\ g_b)$ 表示方向向量，λ_n 表示构建生产函数所分配的决策单元权重，权重总值为 1，生产函数规模报酬可变，公式如下：

$$GML = \frac{1 + D^G(k^t,\ l^t,\ \vec{e^t},\ y^t,\ b^t)}{1 + D^G(k^{t+1},\ l^{t+1},\ \vec{e^{t+1}},\ y^{t+1},\ b^{t+1})} \tag{5-7}$$

式中，当 GML 指数大于 1 时，*GTFP* 提高，当 GML 指数小于 1 时，*GTFP* 降低。

采用 DEA-GML 测算的 *GTFP* 替代被解释变量放入模型进行回归分析，各个变量的描述性统计结果见附录。如表 5-5 所示，第（5）列为控制了城市固定效应与时间固定效应以后未引入控制变量的回归结果，结果表明，数字经济发展水平对 *GTFP* 具有显著的促进作用。具体而言，数字经济发展水平每提升 1 个单位会带来 *GTFP* 提升 1.8176 个单位。在第（6）列加入控制变量以后，数字经济发展水平对于 *GTFP* 依然显著正相关。具体而言，数字经济发展水平每提升 1 个单位会带来 *GTFP* 提升 2.1347 个单位。这表明数字经济发展水平对于 *GTFP* 具有一定的提升作用，进一步证实本书基准回归结果的稳健性。

5.3.4.2　替换解释变量

（1）将解释变量替换成其他统计源数据。在基准回归当中，我们采用宏观数据对数字经济发展水平进行了测算，本节我们选择腾讯研究院联合京东大数据研究中心、滴滴研究院、携程研究中心以及新美大数据研究中心对微信、QQ、电子支付、城市服务、众创空间、京东电商平台、滴滴出行等统计的全样本数据。相较于互联网普及率与电信业务收入，选择腾讯研究院利用大数据分析测算的数字经济作为基准回归的替代变量，其原因主要在于，一方面，腾讯研究院推出的数字经济指数不仅涵盖了京东、携程、腾讯等大型互联网公司与电子政务，还将传统企业在数字化转型过程中的组织管理纳入进来。另一方面，该指数在构建过程中充分考虑了微观产品、中观产业以及宏观创业环境等一系列经济活动因素，不但充分涵盖了数字经济的内涵外延，而且使用的是真正意义上的大数据分析。因此，无论在市场份额方面还是业务类型方面，该指数都具有较强的代表性。

腾讯数字经济指数的编制方法主要通过数据标准化与专家评分确定权重，从数字经济、数字政府、数字文化和数字生活四个维度计算分值，再对四个维度进行加权平均得出总得分。其中，数字经济指数包含了云计算、大数据、移动互联网与实体经济融合发展情况；数字政府指数包含了互联网城市服务平台的使用情况、专业程度和服务效益；数字文化生活指数包含了资讯、文学、影视、游戏等文化在互联网中的应用情况；数字生活指数从微信、QQ 等社交与支付两个方面度量了互联网与民众生活的交融程度。自 2015 年起，腾讯研究院每年公布351 个城市和地区"互联网+数字经济"指数，需要特别说明的是，2017～2019年该指数更名为数字中国指数，但仍对中国 351 个城市与地区进行追踪测算。本书将该指数取对数并与研究样本进行匹配，最终获得 2015～2019 年共计 1300 个样本，相关变量的描述性统计见附录。

采用腾讯研究院数字经济指数替换被解释变量代入模型回归分析。模型统计结果见附录，模型第（1）列为未加入控制变量集，由第（1）列的回归系数可以看出，在对时间维度与城市维度进行双向固定的前提下，数字经济发展水平对 *GTFP* 具有正向的促进作用，表现为其回归系数在 1% 的水平上显著为正，即数字经济发展水平每提升 1 个单位会带来 *GTFP* 提升 20.8%。模型第（2）列至第（9）列逐步加入可能影响 *GTFP* 的控制变量，发现数字经济发展水平对 *GTFP* 的正向促进作用依然成立，并且表现为其回归系数在 1% 的水平上显著为正，即数字经济发展水平每提升 1 个单位会带来 *GTFP* 提升 23.4%。这说明通过采用腾讯研究院测算的数字经济发展指数替代数字经济发展水平依然能够得出与基准回归一致的结论，进一步证实了本书结论具有一定的稳健性。

（2）使用熵权法+TOPSIS 重新测算数字经济发展水平。在基准回归当中，我们采用熵权法对数字经济发展水平进行测算，本节采用熵权法+TOPSIS 的方法对数字经济发展水平进行重新测算。评价模型是在 TOPSIS 模型的基础上通过引入熵权法的改进，是基于评价对象与理想化目标的差距，按照接近程度进行排序的方法，熵权法+TOPSIS 方法可对已有对象进行优劣评价，在多目标决策分析中非常有效，又称为优劣解距离法。其评价过程主要包括指标赋权和综合评价两个步骤。其中，熵权法用于确定基础指标权重，TOPSIS 用于综合评价研究对象。具体来说，第一步，需要根据指标熵的高低来确定指标体系中各个指标的权重。熵值越低，指标提供的信息量越大，对综合评价结果的影响越大；反之亦然。第二步，根据无量纲原始数据矩阵找出最佳方案和最差方案，然后根据研究对象和找到的方案，对方案的相对优缺点进行评价，方案越接近最佳，得分越高，方案越接近最差，得分越低（滕堂伟等，2019）。

在使用熵权法+TOPSIS 评价数字经济发展水平前需要构建评价指标体系，本书二级指标按照互联网普及率、互联网相关从业人数、电信业务产出、移动互联网用户数和数字金融普惠发展五个维度进行评价[①]，模型统计结果见附录。采用熵权法+TOPSIS 测算的数字经济发展水平替代解释变量放入模型进行回归分析，各个变量的描述性统计结果见附录。模型第（1）列为未加入控制变量集，由第（1）列的回归系数可以看出，在对时间维度与城市维度进行双向固定的前提下，数字经济发展水平对 *GTFP* 具有正向的促进作用，表现为其回归系数在 1% 的水平上显著为正，即数字经济发展水平每提升 1 个单位会带来 *GTFP* 提升

---

① 限于篇幅，数字经济发展水平的评价指标构建与相关指标权重见附录。

0.0044 个单位。模型第（2）列~第（9）列逐步加入可能影响 GTFP 的控制变量，发现数字经济发展对 GTFP 的正向促进作用依然成立，并且表现为其回归系数在 1% 的水平上显著为正，即数字经济发展水平每提升 1 个单位会带来 GTFP 提升 0.0025 个单位。这说明通过采用熵权法+TOPSIS 测算的数字经济发展指数替代数字经济发展水平依然能够得出与基准回归一致的结论，也进一步证实了本书基准回归结论具有一定的稳健性。

5.3.5 更改模型设定

5.3.5.1 采用交互固定效应模型进行回归

在基准回归分析中，本书对城市效应与时间效应进行了控制，但仍然可能存在偏误。主要原因在于，本书回归分析中的个体是城市，因此单独控制城市与时间层面的固定效应可能会忽略省份变化的特征效应，这种遗漏变量会导致模型估计结果出现偏误。因此，本书在控制了城市固定效应和时间固定效应的基础上，进一步控制省份与时间的交互固定效应，以缓解由于省份特征变化而产生的内生性问题。回归结果如表 5-6 所示，其中，第（1）列为在控制了时间、城市和省份固定效应的基础上控制省份与时间固定效应的交互项，但未增加控制变量的回归模型。结果显示，数字经济发展水平对 GTFP 具有促进作用，即数字经济发展水平增加 1 个单位会带来 GTFP 增加 1.2596 个单位。第（2）列为在控制了时间、城市和省份固定效应的基础上控制省份与时间固定效应的交互项，并且增加了控制变量的回归。结果显示，数字经济发展水平对 GTFP 具有促进作用，即数字经济发展水平增加 1 个单位会带来 GTFP 增加 0.9321 个单位。这说明通过采用交互固定效应模型控制省份与时间的交互项，数字经济发展水平依然能够促进 GTFP 的提升，进一步证实了本书基准回归结论具有一定的稳健性。

5.3.5.2 采用广义矩估计模型进行回归

在基准模型回归过程中当误差项存在异方差与序列相关时，如被解释变量 GTFP 的当期值取决于上一期取值，传统的静态固定效应模型很难得到一致性的估计结果，需要采用动态面板模型重新考察数字经济发展水平与 GTFP 两者之间的动态关系。对此,本书采用广义矩估计模型(GMM)对数字经济发展水平影响 $GTFP$ 的实证模型进行检验。其模型设定如下:

$$GTFP_{it} = \beta_i GTFP_{it-1} + \sum_{i=1}^{n} \beta_i DE_{it} + \mu_i + \varepsilon_{it} \qquad (5-8)$$

式中,$GTFP_{it}$ 为被解释变量,DE_{it} 为解释变量,β_i 为系数,μ_i 为个体效应,ε_{it} 为随机误差项。为了满足广义矩估计模型估计运用工具变量产生相应距方程条件,对公式进行一阶差分,被解释变量 $\Delta GTFP_{it-1}$ 和随机误差项 $\Delta \varepsilon_{it}$ 是相关的,因此我们选择 $\Delta GTFP_{it-2}$ 作为工具变量,因为 $\Delta GTFP_{it-2}$ 与随机误差项 $\Delta \varepsilon_{it}$ 不相关但与 $\Delta GTFP_{it-1}$ 高度相关。

$$\Delta GTFP_{it} = \beta_i \Delta GTFP_{it-1} + \sum_{i=2}^{n} \beta_i \Delta DE_{it} + \Delta \varepsilon_{it} \qquad (5-9)$$

在此基础上采用下列矩条件,其中,T_i 为所选取的工具变量向量:

$$f(\beta) = \sum_{i=1}^{n} f_i(\beta) = \sum_{i=1}^{n} T_i \varepsilon_i(\beta) \qquad (5-10)$$

其中,残差项的表达式为:

$$\varepsilon_i(\beta) = \Delta GTFP_{it} - \beta_i \Delta GTFP_{it-1} - \sum_{i=1}^{n} \beta_i \Delta DE_{it} \qquad (5-11)$$

极小化式中目标函数以使得样本距之间的加权距离最小,式中权重矩阵 H 为某一正定矩阵,H 的选取是 GMM 模型的关键问题,其表达式为:

$$s(\beta) = \left[\sum_{i=1}^{n} T_i \varepsilon(\beta) \right]' H \left[\sum_{i=1}^{n} T_i \varepsilon_i(\beta) \right] = f(\beta)'Hf(\beta) \qquad (5-12)$$

GMM 模型的估计量与差分分别为:

$$\hat{\beta} = [M_{TDE} H M_{TDE}]^{-1} [M_{TDE} H M_{TDE}] \qquad (5-13)$$

$$Var(\hat{\beta}) = [M_{TDE} H M_{TDE}]^{-1} [M_{TDE} H A H M_{TDE}] [M_{TDE} H M_{TDE}]^{-1} \qquad (5-14)$$

其中,DE 为式的解释变量向量,并且有:

$$M_{TDE} = N^{-1} \left(\sum_{i=1}^{n} T_i DE_i \right) \qquad (5-15)$$

$$\Lambda = Z^{-1} \left(\sum_{i=1}^{Z} T'_i \Delta \mu_i \Delta \mu'_i T_i \right) \qquad (5-16)$$

对于上述的广义矩估计模型,由于加权矩阵 H 出现在目标函数中,从而导致对目标函数进行反复迭代求解使其收敛到极小值,因而广义矩估计模型一般不定义拟合优度 R² 和 F 统计量，也不定义 *AIC* 等信息准则。根据上述方程设计采用两步估计，用系统 GMM 模型进行回归，如表 5-6 所示，第（3）列报告了在加入被解释变量的一期滞后项，未增加控制变量后，Sargan 检验表明工具变量不存在过度识别；AR（2）不显著，说明误差项的差分不存在二阶自相关，此时数字经济发展水平对 *GTFP* 的影响显著为正；第（4）列报告了加入被解释变量的一期滞后项，增加控制变量后，Sargan 检验表明工具变量不存在过度识别；AR（2）不显著，说明误差项的差分不存在二阶自相关。此时数字经济发展水平回归系数依然显著为正，进一步验证了本书基准回归结果的稳健性。

5.3.5.3　采用聚类省级层面进行回归

在基准回归当中，主要的解释变量与被解释变量是城市层面的变量，为考察在不同聚类水平下，数字经济发展水平提升 *GTFP* 这一结论的稳健性，本书将基准回归结果的标准误聚类到省级层面。如表 5-6 所示，第（5）列报告了未增加控制变量的前提下，将城市层面数字经济发展水平对 *GTFP* 的影响聚类到省级层面，结果表明，数字经济发展水平能够显著提升 *GTFP*，即数字经济发展水平每提升 1 个单位会带来 *GTFP* 提升 1.3669 个单位；第（6）列报告了增加控制变量的前提下，将城市层面数字经济发展水平对 *GTFP* 的影响聚类到省级层面，结果表明，数字经济发展水平依然能够显著提升 *GTFP*，即数字经济发展水平每提升 1 个单位会带来 *GTFP* 提升 1.2360 个单位。据此，我们发现即便聚类到省级层面进行回归，依旧没有改变本书基准回归的研究结论，说明本书基准回归结果具有一定的稳健性。

表 5-6　更改模型设定回归结果

变量	(1) *GTFP*	(2) *GTFP*	(3) *GTFP*	(4) *GTFP*	(5) *GTFP*	(6) *GTFP*
Dedl	1.2596*** (0.2360)	0.9321*** (0.2763)	3.4327*** (0.3377)	1.1858*** (0.4806)	1.3669*** (0.3904)	1.2360*** (0.4281)
L. GTFP			0.6905*** (0.0270)	0.6809*** (0.0428)		

续表

变量	(1) GTFP	(2) GTFP	(3) GTFP	(4) GTFP	(5) GTFP	(6) GTFP
_cons	0.8597*** (0.0308)	0.9325*** (0.3094)	−0.2437*** (0.0397)	0.4974*** (1.3801)	0.8471*** (0.0522)	0.8216*** (0.4968)
控制变量	NO	YES	NO	YES	NO	YES
时间固定效应	YES	YES	YES	YES	YES	YES
城市固定效应	YES	YES	YES	YES	YES	YES
省份固定效应	YES	YES				
省份×时间 固定效应	YES	YES				
AR (1)			0.0000	0.0000		
AR (2)			0.8780	0.1910		
N	2580	2279	2349	2113	2610	2319
R^2	0.6203	0.6132			0.5665	0.5612

5.3.6 排除其他干扰性政策

在基准回归过程中,同一时期发生了其他政策性改革,上述估计结果可能捕捉了这些政策的影响,而不是数字经济发展水平对 GTFP 的直接影响。因此,我们推测 GTFP 可能不可避免地受到其他环境政策的影响,为了保障数字经济发展水平对 GTFP 影响系数的可靠性,本节将考虑排除其他环境类政策对回归系数的干扰。

5.3.6.1 低碳城市试点政策

低碳城市的理念主要来源于低碳经济,2003 年在英国首先提出。此后,日本在 2007 年提出低碳社会的概念(王胜今和朱润酥,2022)。近年来,随着中国城市化水平不断提高,城市二氧化碳排放总量的比重不断提升,在"十一五"规划中,中国政府首次提出了具有约束力的能源效率目标,随后在哥本哈根的联合国气候变化会议上,中国政府承诺到 2020 年将单位 GDP 碳排放量在 2005 年的基础上减少 40%~45%。在这个背景下,中华人民共和国国家发展和改革委员会发布了《国家发展和改革委员会关于开展低碳省区和低碳城市试点工作的通知》《国家发展和改革委关于开展第二批低碳省区和低碳城市试点工作的通知》以及《国家发展和改革委关于开展第三批国家低碳城市试点工作的通知》文件，自 2010 年开始陆续启动了三批低碳城市试点。第一批低碳城市试点政策启动于 2010 年 7 月 19 日，其中包括 5 个省份和 8 个城市。第二批试点确定于 2012 年 11 月 26 日，其中包括 1 个省份和 28 个城市。第三批试点开始于 2017 年 1 月 7 日，其中包括 41 个城市和 4 个区县。低碳城市试点政策的主要目标是依托低碳的理念重塑城市，城市中各领域都使用绿色低碳技术，民众践行绿色低碳的生活方式，政府贯彻落实绿色低碳的行政目标，在此基础上提供减碳公共服务，即从城市建设的方方面面都实现低碳行动，推动可持续发展。总体而言，低碳城市的建设关键在于低碳理念的顶层设计，企业生产以及居民生活构成城市碳排放与碳减排的主要内容。

基于此，本书借鉴熊广勤和方扶星（2020）的研究，在模型中增加低碳城市的政策虚拟变量，如果该城市在 t 年及以后属于低碳试点城市，则 $Low = 1$，否则为 0，以此探讨数字经济发展水平对 $GTFP$ 的影响。相关变量的描述性统计见附录。从表 5-7 第（1）列模型估计结果可以看出，排除了低碳城市政策的影响数字经济发展水平依然能够显著提升 $GTFP$，即数字经济发展水平每提升 1 个单位会带来 $GTFP$ 提升 1.1719 个单位。从第（1）列模型的估计结果也可以看出低碳城市政策对 $GTFP$ 具有显著的提升作用。据此，我们发现，回归结果不受低碳城市政策的影响，基准回归结论具有一定的稳健性。

表 5-7　排除其他干扰性政策的模型回归结果

变量	（1）	（2）	（3）
$Dedl$	1.1719 *** (0.1684)	1.1958 *** (0.1696)	1.2232 *** (0.1690)
Low	0.1034 *** (0.0262)		
$Pilot$		0.0751 ** (0.0423)	
$Fpfe$			0.0358 ** (0.0445)

续表

变量	（1）	（2）	（3）
_cons	0.9727*** （0.2311）	0.9171*** （0.2324）	0.9413*** （0.0406）
控制变量	YES	YES	YES
时间固定效应	YES	YES	YES
城市固定效应	YES	YES	YES
N	2345	2345	2345
R^2	0.1177	0.1124	0.1113

5.3.6.2　碳排放权交易市场试点政策

碳排放交易权市场试点政策是政府向企业发放碳排放配额，用于规定企业的二氧化碳排放的上限额度，以此限制企业的二氧化碳排放量，推进企业发展低碳经济的环境政策。中国的碳排放交易市场主要由国内市场与国际市场两部分组成，国内碳排放交易市场主要以碳排放权交易市场为主导，共有 7 个试点省市形成区域性市场，国外市场主要以 CDM 项目为主导的国际性市场（王敏和胡忠世，2021）。国内碳排放交易权政策主要源于 2011 年 10 月 29 日中华人民共和国国家发展和改革委员会批准北京市、天津市、上海市、重庆市、广东省、湖北省、深圳市七省市开展碳排放权交易试点，试点省市在碳排放领域积累了重要经验，对不同区域的碳交易体制机制进行了实践和探索，最终实现了碳排放总量的减少。该政策自实施以来，主要目的是在环境资源有限的前提下，政府依据社会经济发展需求合理制定碳排放总量，根据相关主体的实际情况，将碳排放总量分配给相关主体，并对相关主体碳排放总量进行监督与核查。同时，制定符合中国国情的相关制度，明确碳排放价格并且允许碳排放权在给定制度约束下自由交易（刘满凤和程思佳，2022）。

基于此，本书借鉴胡珺等（2020）的研究，在模型中增加碳排放交易权的政策虚拟变量，即若该城市在 t 年及以后属于碳排放权交易试点城市，则 $Pilot=1$，否则为 0，以此探讨数字经济发展水平对 $GTFP$ 的影响。相关变量的描述性统计见附录。从 5-7 表第（2）列模型估计结果可以看出，排除碳排放交易权政策的影响下数字经济发展水平依然能够显著提升 GTFP，即数字经济发展水平每提升 1 个单位会带来 GTFP 提升 1.958 个单位。从第（2）列模型的估计结果也可以看出，碳排放交易权政策对 GTFP 具有显著的提升作用。据此，我们发现回归结果不受碳排放交易权政策的影响，基准回归结论具有一定的稳健性。

5.3.6.3　节能减排财政政策

历年《世界能源统计年鉴》的数据显示，中国碳排放总量从 1978 年的 14.30 亿吨增加至 2010 年的 81.45 亿吨，年平均增长率为 5.59%。面对节能减排的压力，中国政府在"十一五"规划中将能源消耗强度下降目标作为约束性指标，并且在节能减排、可再生能源和绿色建筑等领域分别确立实施示范项目财政政策。在此背景下，为了顺利实现中国能源损耗和碳排放强度下降，2011 年，中华人民共和国财政部和中华人民共和国国家发展和改革委员会分三批对 30 个城市进行了节能减排财政政策综合示范。2011 年 6 月 22 日，中华人民共和国财政部、中华人民共和国国家发展和改革委员会印发《关于开展节能减排财政政策综合示范工作的通知》，确定北京市、深圳市、重庆市、杭州市、贵阳市、吉林市、新余市 7 个城市率先开展首批节能减排财政政策示范城市；2013 年 10 月 18 日，中华人民共和国财政部和中华人民共和国国家发展和改革委员会确定石家庄市、唐山市、铁岭市、齐齐哈尔市、铜陵市、南平市、荆门市、韶关市、东莞市、铜川市 10 个城市为第二批节能减排财政政策示范城市；2014 年 10 月财政部与国家发改委新增天津市、临汾市、包头市、徐州市、聊城市、鹤壁市、梅州市、南宁市、德阳市、兰州市、海东市和乌鲁木齐市 12 个城市为第三批节能减排财政政策示范城市。第一批示范城市为中华人民共和国国家发展和改革委员会与中华人民共和国财政部按照"十一五"期间各城市节能减排执行情况以及财政政策整合力度进行遴选产生，第二批与第三批首先通过地方政府申报，再由中华人民共和国财政部与中华人民共和国国家发展和改革委员会进行评选产生。

基于此，本书借鉴吴文值等（2022）的研究，在模型中增加节能减排财政政策的政策虚拟变量，即若该城市在 t 年及以后属于节能减排财政政策试点城市，则 $Fpfe=1$，否则为 0，以此探讨数字经济发展水平对 GTFP 的影响。相关变量的描述性统计见附录。从表 5-7 第（3）列模型估计结果可以看出，排除节能减排财政政策的影响下，数字经济发展水平依然能够显著提升 *GTFP*，即数字经济发展水平每提升 1 个单位会带来 *GTFP* 提升 1. 2232 个单位。从第（3）列模型的估计结果也可以看出，节能减排财政政策对 *GTFP* 具有显著的提升作用。据此，我们发现回归结果不受节能减排财政政策的影响，基准回归结论具有一定的稳健性。

5.3.7　工具变量估计

5.3.7.1　地形起伏

考虑到数字经济发展并非完全外生事件，数字经济发展水平与 *GTFP* 之间可能是同时决定的，导致二者间可能存在一定的因果内生关系。同时，影响 *GTFP* 的因素较多，目前所涉及的控制变量难以避免遗漏变量的产生。因此，为了解决可能存在的内生性问题，本书采取工具变量缓解内生性问题，以识别数字经济发展水平对 *GTFP* 的净效应。工具变量的选择需要满足相关性和外生性两个要求，即工具变量与解释变量相关但与被解释变量不相关。借鉴 Kolko（2012）的做法将城市地形起伏度作为数字经济发展水平的工具变量。一方面，该工具变量满足相关性，即地形起伏度不仅会增加网络基站的建设成本，还会影响网络基站信号，对网络基础设施的运行效率带来负面影响；另一方面，地形起伏度作为地理指标，对 *GTFP* 不会产生影响。因此，本书将城市地形起伏度作为数字经济发展水平的工具变量。

从模型的回归结果表 5-8 第（1）列和第（2）列可以看出，从工具变量的有效性而言，第一阶段 F 统计量均大于 10 的经验法则，说明工具变量较为有效，Cragg-Donald Wald F statistic 和 Kleibergen-Paap rk Wald F statistic 均大于 10% 水平下的临界值 16. 38，拒绝了工具变量为弱识别的原假设。对于原假设"工具变量识别不足"的检验，LM 统计量的 P 值为 0. 000，显著拒绝原假设。综上表明，本书选取城市地形起伏度作为工具变量的有效性。同时，我们发现，核心解释变量数字经济发展水平在 1% 的水平上显著为正，所以采用工具变量法缓解内生性后，本书基准回归结果仍具有一定的稳健性。

5.3.7.2 历史工具变量

在研究数字经济发展水平对 *GTFP* 的影响时可能存在潜在的内生性问题，从而导致模型所分析出来的结果与现实情况不一致。一般而言，内生性的主要来源是：①遗漏变量所产生的偏误。在讨论数字经济发展水平对 *GTFP* 影响的基准回归结果中虽然对城市固定效应和时间固定效应进行了控制。但是，难免存在遗漏部分对 *GTFP* 具有正向影响或者负向影响的时变变量，前者会在回归中造成回归系数偏高，后者可能会带来回归系数偏低。②双向因果。数字经济发展水平提升 *GTFP* 水平，同时，*GTFP* 的增长会倒逼企业进行数字化转型，以适应数字经济发展的大趋势。

为了克服可能存在的内生性问题，本书尝试寻找与数字经济相关的历史工具变量，利用两阶段最小二乘法识别数字经济与 *GTFP* 之间的因果关系。在寻找历史工具变量的过程中，我们发现数字经济的发展其实是以互联网作为载体的。因此，互联网技术的迅速发展应该是从固定电话普及率开始的。基于以上逻辑，本书借鉴黄群慧等（2019）、周小亮和宝哲（2021）的研究，采用 1984 年的固定电话历史数据作为数字经济发展水平的历史工具变量。

表 5-8　工具变量估计结果

	（1）	（2）	（3）	（4）
Internet_city	2.4331*** （0.5382）	1.5295*** （0.7587）	1.9603*** （0.2662）	1.4060*** （0.4747）
_cons	0.7045*** （0.0711）	1.4429*** （0.3337）	0.7622*** （0.0406）	1.0273*** （0.2651）
第一阶段 F 统计量值	52.33	63.46	116.31	77.91
Cragg-Donald Wald F statistic	39.257 [16.38]	42.730 [16.38]	102.097 [16.38]	44.918 [16.38]
Kleibergen-Paap rk Wald F statistic	52.330 [16.38]	63.458 [16.38]	116.311 [16.38]	77.908 [16.38]
Hansen J 检验	0.0000	0.0000	0.0000	0.0000
控制变量	NO	YES	NO	YES
时间固定效应	YES	YES	YES	YES
城市固定效应	YES	YES	YES	YES

续表

	（1）	（2）	（3）	（4）
N	2610	2345	1872	1644
R^2	0.8744	0.8871	0.8829	0.8855

注：其中不可识别检验为 Kleibergen-Paap rk Wald F statistic 统计量，弱工具变量检验为 Cragg-Donald Wald F statistic 统计量，过度识别检验为 Hansen J 统计量。

之所以选取固定电话历史数据的依据如下：一是数字经济的发展是基于互联网基础设施进行的，然而从互联网的发展历史来看，其发展基本是通过电话线拨号的形式开始，然后出现 ISDN、ADSL 接入，直到目前的光纤接入，因此，数字经济的发展应该是从固定电话的普及开始的；二是 GTFP 主要依靠区域环境质量，固定电话历史数量对于 GTFP 不会产生影响满足工具变量与被解释变量的不相关性。由于所选取的历史工具变量为横截面数据，难以直接用于固定效应模型分析。本书借鉴 Nunn 和 Qian（2014）的做法，引入随时间变化的变量与截面数据进行匹配，从而构建面板工具变量。具体而言，用上一期互联网投资额与 1984 年固定电话历史数据构造交互项，以此作为数字经济发展水平的工具变量①。

从模型的回归结果表5-8第（3）列和第（4）列可以看出，从工具变量的有效性而言，第一阶段 F 统计量均大于 10 的经验法则，说明历史工具变量有效，Cragg-Donald Wald F statistic 和 Kleibergen-Paap rk Wald F statistic 均大于 10% 水平下的临界值 16.38，拒绝了工具变量为弱识别的原假设。对于原假设"工具变量识别不足"的检验，LM 统计量的 P 值为 0.000，显著拒绝原假设。综上表明，本书选取 1984 年的固定电话历史数据作为历史工具变量的有效性。同时，我们发现，核心解释变量数字经济发展水平在 1% 的水平上显著为正，所以采用历史工具变量法缓解内生性后，再次验证了数字经济发展水平提升 GTFP 这一实证结果的稳健性。

---

① 互联网投资额用信息传输、计算机服务和软件业全社会固定资产投资表示。1984 年每万人电话机数量来源于《新中国五十年统计资料汇编》，互联网投资额来源于《国家统计年鉴》。

5.4 进一步讨论：数字经济发展水平对绿色全要素生产率影响的异质性检验

在基准回归中我们检验了数字经济发展水平对 GTFP 的影响，并且该影响通过了如双重差分设计、安慰剂检验、更换变量、更改模型设定和工具变量等一系列稳健性检验。但是，数字经济发展水平对 GTFP 的影响效应不应仅仅关注其有效性上，而应该试图回答数字经济发展水平对 GTFP 影响的条件是什么？因此，本书进一步从异质性的角度探讨数字经济发展水平对 GTFP 的影响效应。具体而言，本书从城市规模、城市经济区位、城市资源禀赋、交通运输量等方面采用分样本回归的方法探讨数字经济发展水平对 GTFP 的影响。

5.4.1 城市规模影响绿色全要素生产率的异质性效应

通常而言，城市的发展往往伴随生产要素与产业集聚，而后带来城市规模的扩张，不同等级规模的城市在资源整合与职能划分上存在较大差异。"城市规模较大城市"相较于"城市规模较小城市"而言，经济集聚所带来的规模效应有助于技术扩散与协同创新的产生，其资源配置效率与利用效率相对较高，同时能源充分利用与污染物的集中处理在一定程度上彰显出城市的规模效应。然而，数字经济通过互联网技术变革城市治理，提高资源利用效率与配置效率，不仅可以提升规模较大城市的聚集效应，进一步提高资源配置效率，还能够通过数字技术创新改善城市环境（石大千等，2018）。牛子恒和崔宝玉（2021）基于"宽带中国"准自然试验探究网络基础设施建设对大气污染的影响。结果显示，"宽带中国"战略对城市大气污染的作用依赖于城市规模的大小，即规模较大的城市"宽带中国"战略实施对大气污染的抑制作用越明显，从实证层面为城市规模与环境污染之间提供了依据。这一结论也得到王雅莉等（2022）等研究的支持。但也有人认为，城市规模带来城市污染的说法并不科学，由于人口聚集产生规模效应，人均排污量就会减少，有利于遏制环境污染（梁伟等，2017；郑怡林和陆铭，2018）。由此可见，城市规模与环境污染之间不是简单的线性关系，而是复杂的动态非线性关系，只有适度的城市规模才会带来城市环境的改善。

基于此，本书将城市规模引入，分类考察不同城市规模下数字经济发展水平对 GTFP 的影响。城市规模的界定与划分依据 2014 年国务院颁布的《关于调整城市规模划分标准的通知》，将城市规模划分为中小型城市、大型城市、特大型城市、超大型城市四类，其中，小型城市为小于 100 万人的城市，大型城市为城区常住人口大于 100 万人而小于 500 万人的城市，特大型城市为城区常住人口大于 500 万人而小于 1000 万人的城市，超大型城市为城区常住人口大于 1000 万人的城市。在这四种分类样本下，考察数字经济发展水平对 GTFP 的影响。

结果如表 5-9 所示，模型（1）~模型（4）分别为中小型城市、大型城市、特大型城市和超大型城市的模型回归结果。具体而言，由基于中小型城市的样本回归结果而言，数字经济发展水平对 GTFP 具有显著的负向影响，表明数字经济发展水平对于中小型城市而言不能促进 GTFP 的增长反而会抑制。产生这种现象的原因可能在于，中小型城市人力资本、财政、基础设施建设和产业基础相对较弱，并且城市中人口密度小，数字经济的发展所产生互联网基础设施建设大量投入与互联网普及率的快速增长，传统产业可能因为资金链短缺、人力资本匮乏、资源错配、供需脱节等无法快速实现数字化转型，且因为能源消耗的上升导致 GTFP 非期望产出碳排放的增加，从而带来 GTFP 的降低。这一结论与卢福财等（2021）的研究结论一致。

表 5-9　不同城市规模下数字经济发展水平对 GTFP 的影响

变量	（1） 中小型城市	（2） 大型城市	（3） 特大型城市	（4） 超大型城市
Dedl	-0.0292*** （0.0045）	0.0087*** （0.0035）	0.0337*** （0.0501）	0.0505*** （0.0207）
_cons	0.0249 （0.1840）	0.0464 （0.0362）	0.0962*** （0.0541）	-0.1265 （0.3809）
控制变量	YES	YES	YES	YES

变量	（1） 中小型城市	（2） 大型城市	（3） 特大型城市	（4） 超大型城市
时间固定效应	YES	YES	YES	YES
城市固定效应	YES	YES	YES	YES
N	90	1486	676	93
R^2	0.8081	0.7062	0.7540	0.7435

基于大型城市的样本回归结果，数字经济发展水平对 GTFP 具有显著的正向影响，表明数字经济发展水平对于大型城市可以促进 GTFP 的增长。产生这种现象原因可能在于大型城市相对于小型城市往往聚集了大量高素质劳动力与高质量的创新要素与资本。随着数字经济发展水平的提高同时也促进了互联网技术与农业、工业和服务业的相融合，促使各个行业运行效率快速提高，从而使其带动区域经济增长的同时，也提高了 GTFP。

基于特大型城市与超大型城市的样本回归结果，数字经济发展水平对 GTFP 的影响依然存在显著正向影响，表明对于特大型与超大型城市，数字经济发展水平的提升可以促进 GTFP。并且，从不同城市规模的回归结果可以看出，随着城市规模的不断提升，数字经济发展水平对 GTFP 的影响也在不断提升。

5.4.2 经济区位影响绿色全要素生产率的异质性效应

中国幅员辽阔的国土面积与纵横交错的山川河流造就了明显的区域特色与文化差异，同时，不同地区发展政策、要素禀赋、基础设施的明显差异使得地区之间的产业结构与经济发展水平存在明显差异。因此，在探究数字经济发展水平对 GTFP 的影响时，需要将不同地区地理位置纳入其中。一般而言，在研究区域异质性的过程中，大量文献习惯将全国城市样本划分为东部、中部、西部进行考察，如宣旸和张万里（2021）在基于中国地级市面板数据探究智慧城市对绿色全要素生产率的影响发现，东部地区智慧城市试点项目的实施通过经济集聚的方式显著促进 GTFP 提升，而中西部地区经济集聚的中介作用不显著。石磊（2022）在基于中国地级市面板数据探究地方政府双重目标管理对环境污染的影响中也采用城市区域划分的方法，研究发现，经济增长目标对环境污染的加剧作用比中西部城市更大，在东部地区，政府环境约束目标会削弱经济增长目标对环境污染的加剧作用。然而，随着经济发展模式与经济区的重构，国务院发展研究中心报告指出，中国所沿袭的东部、中部、西部区域划分已经不合时宜，为此报告提出"十一五"期间内地划分为东部、中部、西部和东北四大板块，并且在此基础上划分为东部沿海综合经济区、北部沿海综合经济区、南部沿海综合经济区、长江中游综合经济区、黄河中游综合经济区、大西北综合经济区、大西南综合经济区、东北综合经济区共八个经济区。

　　基于此，本书在八大综合经济区的基础上分类考察数字经济发展水平对 GTFP 的作用。数字经济发展水平对 GTFP 的影响如表 5-10 所示。其中，模型（1）为东部沿海综合经济区数字经济发展水平与 GTFP 的回归，结果显示，东部沿海综合经济区数字经济发展水平对 GTFP 具有显著的推动作用；模型（2）为北部沿海综合经济区数字经济发展水平与 GTFP 的回归，结果显示，北部沿海综合经济区数字经济发展水平对 GTFP 具有显著的推动作用；模型（3）为南部沿海综合经济区数字经济发展水平与 GTFP 的回归，结果显示，南部沿海综合经济区数字经济发展水平对 GTFP 具有显著的推动作用；模型（4）为长江中游综合经济区数字经济发展水平与 GTFP 的回归，结果显示，长江中游综合经济区数字经济发展水平对 GTFP 不显著，表明数字经济发展水平对长江中游综合经济区 GTFP 没有表现出明显的作用；模型（5）为黄河中游综合经济区数字经济发展水平与 GTFP 的回归，结果显示，黄河中游综合经济区数字经济发展水平对 GTFP 具有显著的推动作用；模型（6）为大西北综合经济区数字经济发展水平与 GTFP 的回归，结果显示，大西北综合经济区数字经济发展水平对 GTFP 具有显著的负向作用。模型（7）为大西南综合经济区数字经济发展水平与 GTFP 的回归，结果显示，大西南综合经济区数字经济发展水平对 GTFP 不显著，表明数字经济发展水平对大西南经济区 GTFP 没有表现出明显的作用；模型（8）为东北综合经济区数字经济发展水平与 GTFP 的回归，结果显示，东北综合经济区数字经济发展水平对 GTFP 具有显著的推动作用。

表 5-10   不同经济区位下数字经济发展水平对GTFP 的影响

变量	(1)东部沿海	(2)北部沿海	(3)南部沿海	(4)长江中游	(5)黄河中游	(6)大西北	(7)大西南	(8)东北
Dedl	2.1259***	1.8958***	0.6622***	−1.0589	1.0103**	−0.0961**	0.2954	0.7766***
	(0.5739)	(0.5332)	(0.2478)	(0.7981)	(0.5656)	(1.0259)	(1.0959)	(0.3215)
_cons	5.6285***	6.8361**	1.3558***	0.6460	0.9359**	1.3219***	−0.0015	0.7533
	(1.1823)	(3.4754)	(0.6458)	(0.4361)	(0.5028)	(1.2740)	(0.8409)	(0.3775)
控制变量	YES	YES	YES	YES	YES	YES	YES	YES
时间固定效应	YES	YES	YES	YES	YES	YES	YES	YES
城市固定效应	YES	YES	YES	YES	YES	YES	YES	YES
N	184	234	242	474	384	151	374	302
R^2	0.5102	0.4065	0.3458	0.1838	0.2617	0.2289	0.0593	0.4077

通过对中国八大经济区数字经济发展水平对 GTFP 影响的回归结果可以看出，东部沿海综合经济区、北部沿海综合经济区、南部沿海综合经济区、黄河中游经济综合区和东北综合经济区数字经济发展水平可以促进 GTFP，从这几个经济区城市布局可以看出，五个综合经济区主要汇集经济发达城市，产业主要集中为高新技术研发与制造、重型装备与设备制造以及资源型产业，这些行业普遍意义上都是高耗能、高污染的行业，数字经济发展水平的提升会带来高耗能、高污染行业进行数字化转型，通过数据高效流动整合信息与资源推动企业生产方式、管理流程和组织结构实现根本性变革，从而带来 GTFP 的提升（靳毓等，2022）。并且数字经济发展水平提升所带来 GTFP 的影响呈现出东部沿海综合经济区大于北部沿海综合经济区大于黄河中游经济综合区大于东北综合经济区大于南部沿海综合经济区，从影响系数可以看出，重工业、制造业较为集中的经济区数字经济发展水平对 GTFP 的影响较明显。长江中游综合经济区与大西南综合经济区数字经济发展水平对 GTFP 没有明显的相关性，主要原因可能是长江中游综合经济区与大西南综合经济区主要以农业以及旅游业为主，因此数字经济发展水平的提升对 GTFP 并未表现出明显的作用（孔芳霞等，2022）。大西北综合经济区数字经济发展水平对 GTFP 具有显著的负向影响，主要原因在于，大西北主要为宁夏回族自治区、甘肃省、西藏自治区和新疆维吾尔自治区等地区，数字经济发展所依

托的网络技术水平不高,配套条件和制度政策相对滞后,盲目数字经济发展由于大量的互联网设备所造成的能源消耗与供需脱节导致 GTFP 的降低(郭峰和陈凯 2021)。

5.4.3 资源属性影响绿色全要素生产率的异质性效应

长期以来,城市资源开采与加工成为经济发展的主要动力来源,中国虽然幅员辽阔,但资源种类分布不均。中国资源型城市的设立有两种情况,即"先矿后城""先城后矿"。其中,"先矿后城"指没有人口聚居的城市,因资源开采和加工而发展起来,如白银市和大庆市;"先城后矿"指具有行政建制的城市,因资源开采推动了城市发展,形成了以资源为主导的城市,如太原市和大同市。中国资源型城市数量众多,2013 年国务院颁布了《全国资源型城市可持续发展规划(2013—2020 年)》,确定了 262 个资源型城市。根据城市发展规律、发展阶段、保障程度和可持续发展能力,这些城市被分为成长型、成熟型、衰退型和再生型四种类型,并接受分类指导。

鉴于此,本书在《全国资源型城市可持续发展规划(2013—2020 年)》文件的基础上,首先将研究样本划分为非资源型城市和资源型城市,其次将资源型城市划分为成长型城市、成熟型城市、衰退型城市和再生型城市考察数字经济发展水平对 GTFP 的影响。数字经济发展水平对 GTFP 的影响如表 5-11 所示,模型(1)为非资源型城市数字经济发展水平对 GTFP 的影响,结果显示,非资源型城市数字经济发展水平对 GTFP 具有显著的推动作用;模型(2)为资源型城市数字经济发展水平对 GTFP 的影响,结果显示,资源型城市数字经济发展水平对 GTFP 具有显著的推动作用;模型(3)为成长型城市数字经济发展水平对 GTFP 的影响,结果显示,成长型城市数字经济发展水平对 GTFP 作用效果不显著,表明数字经济发展水平对成长型 GTFP 没有表现出明显的作用;模型(4)为成熟型城市数字经济发展水平对 GTFP 的影响,结果显示,成熟型城市数字经济发展水平对 GTFP 具有显著的推动作用;模型(5)为衰退型城市数字经济发展水平对 GTFP 的影响,结果显示,衰退型城市数字经济发展水平对 GTFP 作用效果不显著,表明数字经济发展水平对成长型 GTFP 没有表现出明显的作用；模型（6）为再生型城市数字经济发展水平对 *GTFP* 的影响，结果显示，再生型城市数字经济发展水平对 *GTFP* 具有显著的推动作用。

表5-11 不同资源属性下城市数字经济发展水平对GTFP 的影响

变量	（1）非资源型	（2）资源型	（3）成长型	（4）成熟型	（5）衰退型	（6）再生型
Dedl	1.1465***	1.1956***	−0.8960	2.0605***	−0.2394	3.9858***
	(0.1744)	(0.4944)	(1.0480)	(0.8741)	(0.5465)	(1.5059)
_cons	1.7444***	0.3195	1.3215	−0.3450	0.4099	1.2792
	(0.3121)	(0.3449)	(0.8481)	(0.5275)	(0.5075)	(1.2845)
控制变量	YES	YES	YES	YES	YES	YES
时间固定效应	YES	YES	YES	YES	YES	YES
城市固定效应	YES	YES	YES	YES	YES	YES
N	1305	1040	140	540	220	140
R^2	0.1666	0.1203	0.3675	0.1080	0.3012	0.3440

通过中国不同资源属性城市数字经济发展水平对 *GTFP* 的异质性探讨发现，无论是资源型城市还是非资源型城市，数字经济发展水平均能对 *GTFP* 产生影响，但通过回归系数可以看出，数字经济发展水平对资源型城市 *GTFP* 的作用效果要高于非资源型城市。可能的原因在于，资源型城市第二产业在经济中占比较高，而第二产业占比对地区的绿色经济增长水平具有负向影响，这种表现称为"资源诅咒"（李江龙和徐斌，2018）。然而，数字经济的发展一方面通过节能减排相关的技术创新，提升了资源配置效率，从而促进了 *GTFP*；另一方面带动了就业结构的优化升级，实现了高质量就业使得资源型城市摆脱了资源依赖。对资源型城市依据城市发展规律、发展阶段、保障程度和可持续发展能力，分为成长型、成熟型、衰退型和再生型四种类型继续探讨数字经济发展水平对 *GTFP* 的影响，通过回归结果发现，数字经济发展水平对成长型与衰退型城市并未表现出正向激励效果。原因可能在于，一方面成长型与衰退型城市更多依赖于传统的采掘业，然而数字经济的发展更多集聚在制造业和生产性服务业方面；另一方面成长型城市与衰退型城市在资源开采与资源利用方面更加注重于资源开采所带来的经

济效益，容易忽视数字发展所带来的技术升级与污染减排。成熟型与再生型城市数字经济发展水平对 *GTFP* 发挥出显著的正向影响，原因可能在于成熟型与再生型城市相比于其他类型资源型城市更加注重数字化转型所带来的生产效率提升，进而推动 *GTFP*。

5.4.4　交通运输量影响绿色全要素生产率的异质性效应

随着中国社会经济的高速发展，汽车数量急剧上升，交通运输行业成为了中国应对气候变化的重点行业。据此，本书将样本按照公共汽电车运营车辆数年平均值的中位数划分为高城市运输量与低城市运输量进行分样本回归，回归结果如表 5-12 所示，第（1）列显示高交通运输量的城市数字经济发展水平对 *GTFP* 的影响显著为正，第（2）列显示低交通运输量城市数字经济发展水平对 *GTFP* 的影响不显著。这表明数字经济发展对于不同交通运输量的城市存在异质性效果。其原因可能在于：一方面，数字经济的发展对城市中共享交通起到了一定的助推作用，将共享交通与城市公共交通网对接，给高交通运输量的城市带来较高的碳排放缓解效率，从而提升了 *GTFP*；另一方面，数字经济的发展通过结合物联网部署了一批具有典型示范作用的互联网应用，随着数字经济的深入发展，城市中"智能交通""云交通"等特色应用开始推广，可以对城市交通流量进行监控和调度，提高城市道路通行能力，减少因道路拥堵、过度油耗而产生的碳排放，从而提升了 *GTFP*。然而，对于交通运输量较低的城市而言，交通运输压力并不很大，发展数字经济助推 *GTFP* 效果不怎么明显。

5.4.5　分解项对绿色全要素生产率的异质性效应

前文证实了数字经济发展水平可以推动 *GTFP* 的提升。然而，*GTFP* 可以通过全局曼奎斯特-卢恩伯格指数（Global Malmquist-Luenberger，GML）方法分解为技术进步与技术效率。为此，本书对不同分解项目进行回归，以期检验何种分解项推动 *GTFP* 作用效果更强。回归结果如表 5-12 所示，其中，模型（3）为技术效率回归结果，模型（4）为技术进步的回归结果。第（3）列显示 *GTFP* 的分解项技术效率不显著，第（4）列显示 *GTFP* 的分解项技术进步保持在 1% 的水平上显著为正。这表明，技术进步是数字经济发展水平影响 *GTFP* 的重要方式。其可能的原因在于，数字经济发展在一定程度上通过技术创新实现企业的转型升级，随着数字经济与传统产业的深度融合，高新技术企业不断创立，政策与资金支持为技术进步提供了更多的便利。*GTFP* 作为衡量经济高质量发展的关键指标，技术进步可以助推产业转型升级，从而推动了 *GTFP* 的提高（张昕蔚，2019）。

5.4.6 碳排放强度影响绿色全要素生产率的异质性效应

从城市碳排放的空间格局来看，中国碳排放较高产业主要为第二产业，低碳排放主要为第三产业（董梅和李存芳，2020）。据此，本书将样本按照碳排放量年平均值的中位数划分为高碳排放量城市与低碳排放量城市进行分样本回归。回归结果如表 5-12 所示，模型（5）显示为高碳排放量城市数字经济发展水平对 *GTFP* 具有显著的正向影响，模型（6）显示为低碳排放量城市数字经济发展水平对 *GTFP* 没有显著影响。这表明数字经济发展对于不同碳排放量的城市存在异质性效果。产生这种现象的原因可能在于，高碳排放量城市主要以第二产业为主，带来较大的碳排放量，而随着数字经济的发展，实现了城市"退二进三"产业转型，极大地缓解城市污染从而促进了 *GTFP* 的提升（原嫄和周洁，2021）。对于低碳排放量城市而言，主要以第三产业为主，随着数字经济的发展对 *GTFP* 的作用效果并不明显（宝哲和周小亮，2022）。

表 5-12 数字经济发展水平对GTFP影响的异质性检验结果

变量	（1）高交通运输量	（2）低交通运输量	（3）技术效率	（4）技术进步	（5）高碳排放	（6）低碳排放
Dedl	1.3665*** (0.2222)	0.2768 (0.3141)	0.0178 (0.2211)	0.0285*** (0.1824)	1.4641*** (0.2184)	0.0073 (0.3079)
_cons	0.9289*** (0.3965)	0.7202*** (0.2440)	0.9375*** (0.2958)	0.9547*** (0.2439)	0.7221** (0.4052)	1.0796 (0.2649)
控制变量	YES	YES	YES	YES	YES	YES
时间固定效应	YES	YES	YES	YES	YES	YES
城市固定效应	YES	YES	YES	YES	YES	YES

变量	（1） 高交通运输量	（2） 低交通运输量	（3） 技术效率	（4） 技术进步	（5） 高碳排放	（6） 低碳排放
N	1129	1226	2353	2353	1146	1199
R^2	0.1382	0.1395	0.3675	0.3788	0.1437	0.1400

5.5　本章小结

　　本章基于中国城市层面 2010～2019 年平衡面板数据，从定量方面考察了数字经济发展水平对 GTFP 的影响，并且为了保证实证结果的稳健性，本章采用多方面稳健性检验用以排除样本选择性偏误与内生性问题。具体而言，在处理样本选择性偏误方面，采用了双重差分设计、倾向得分匹配双重差分设计以及安慰剂检验。对于变量选取所产生的样本选择偏误，一方面，通过替换其他污染排放物、构建综合指标体系测算城市环境指数以及使用其他测算方法测算 GTFP 来替换被解释变量；另一方面，采用替换其他统计源数据与重新测算数字经济发展水平的方式替换解释变量。就缓解内生性问题而言，本章通过采用交互固定效应模型、广义矩估计模型、聚类省级层面、排除其他干扰性政策以及工具变量估计的方法，尽可能缓解模型中可能存在的内生性问题，从而增强了研究结论的稳健性。在数字经济发展水平影响 GTFP 的基础上，深入考察了城市规模、经济区位、资源属性、交通运输量、不同分解项以及碳排放强度对数字经济发展水平影响 GTFP 的异质性作用。本章研究结论如下：

　　第一，数字经济发展水平能够显著提升 GTFP，在逐步加入控制变量的情况下，这种关系依然存在，最终核心解释变量的估计系数为 1.2360。从回归的经济含义而言，如果数字经济发展水平提升 1 个单位，会带来 GTFP 提升 19.9%。该结论在包含双重差分设计、倾向匹配双重差分模型、安慰剂检验、变量替换、更改模型设定、排除其他干扰性政策、工具变量估计等一系列稳健性检验下依然存在。

第二，包含城市规模、经济区位以及资源属性在内的数字经济发展水平对 GTFP 异质性作用。具体而言，在城市规模差异方面，中小型城市数字经济发展水平对 GTFP 具有显著的负向影响，大型、特大型与超大型城市的数字经济发展水平对 GTFP 具有显著的正向影响；在经济区位方面，东部沿海综合经济区、北部沿海综合经济区、南部沿海综合经济区、黄河中游经济综合区和东北综合经济区数字经济发展水平可以促进 GTFP，并且数字经济发展水平提升所带来 GTFP 的影响呈现出东部沿海综合经济区大于北部沿海综合经济区大于黄河中游经济综合区大于东北综合经济区大于南部沿海综合经济区，长江中游综合经济区与大西南综合经济区数字经济发展水平对 GTFP 没有明显的相关性，大西北综合经济区数字经济发展水平对 GTFP 具有显著的负向影响；在资源属性方面，无论是资源型城市还是非资源型城市，数字经济发展水平均能对 GTFP 产生影响，但通过回归系数可以看出，数字经济发展水平对资源型 GTFP 的作用效果要高于非资源型城市，将资源型城市依据城市发展规律、发展阶段、保障程度和可持续发展能力，分为成长型、成熟型、衰退型和再生型四种类型继续探讨数字经济发展水平对 GTFP 的影响，发现数字经济发展水平对成长型与衰退型城市并未表现出正向激励效果，但对成熟型与再生型城市发挥出显著正向影响。

第三，包含交通运输量、不同分解项以及碳排放强度在内的数字经济发展水平对 GTFP 异质性作用。具体而言，在交通运输量方面，高交通运输量的城市数字经济发展水平对 GTFP 的影响显著为正，低交通运输量城市数字经济发展水平对 GTFP 的影响不显著；在不同分解项方面，数字经济发展水平对 GTFP 技术效率的分解项不显著，对技术进步的分解项显著；在碳排放强度方面，高碳排放量城市数字经济发展水平对 GTFP 具有显著的正向影响，低碳排放量城市数字经济发展水平对 GTFP 没有显著影响。

第6章　数字经济发展水平对绿色全要素生产率的影响路径分析

从前几章的理论分析与实证研究结果可知，数字经济发展水平对 GTFP 表现出显著的正向促进作用，且该结论具有较强的稳健性。那么一个显而易见的问题是，数字经济发展水平如何影响 GTFP，何种因素在数字经济发展水平与 GTFP 之间扮演重要角色。在归纳总结前沿文献与理论分析的基础上，本章进一步对数字经济发展水平推动 GTFP 的具体路径进行分析。试图回答如下问题：一是理论分析框架下所指出的企业绿色技术创新、产能利用效率与交易成本三条微观传导路径能否经得起实证检验，即数字经济发展水平是否影响 GTFP 的微观路径；二是理论分析框架下所指出的公众环境关注度、产业结构升级与市场化程度三条宏观传导路径是否经得起实证检验，即数字经济发展水平是否影响 GTFP 的宏观路径；三是数字经济发展水平对 GTFP 的传导路径所发挥的作用效果是否不同。厘清上述问题，有利于数字经济发展过程中针对性提出提升 GTFP 的具体措施，实现数字经济发展中的"减排效应"。据此，本章从微观与宏观的双重视角出发，评估数字经济发展水平影响 GTFP 的中介效应，考察不同路径的影响差异。

6.1 绿色技术创新的微观传导作用

6.1.1 变量说明

在理论分析框架中,我们得出数字经济发展水平能够通过绿色技术创新影响 GTFP,那么这一结论能否在微观实证层面得到支持呢? 为此,本书将数字经济发展水平与中国沪深 A 股 2010~2019 年的上市公司微观数据进行合并,在此过程中我们剔除银行、保险、券商等金融类上市公司,剔除 ST 与退市等特殊处理的公司样本,最终选取采掘业、石油、化工、塑料、橡胶、造纸、印刷、生物制药等行业 2863 家上市公司样本数据。从微观视角出发考察企业绿色技术创新的中介效应。由于企业层面 GTFP 数据获取受限无法计算。但考虑到 GTFP 是一个对经济产出、污染排放和要素节约等方面综合考量的动态发展过程,企业无疑是环境污染物的主要制造者,2010 年,企业废水、废气占全部废水、废气的比例分别是 38.4%、85.3%[①]。对于企业而言,由于环境外部性的存在,企业环境污染所产生的环境成本一般不由企业自身承担,而由城市承担,这给城市发展带来了"得不到赔偿"的额外损失。

企业突发环境污染事件作为典型的负面信息披露,在有效市场中企业一旦发生严重环境污染事件,证券价格将会迅速下跌(陈燕红和张超,2017;肖华和张国清,2008)。企业作为城市经济发展的主要载体,企业规模、企业绩效与企业环境信息披露呈现正相关(汤亚莉等,2006;李晚金等,2008)。然而,推动绿色发展的关键在于合理引导投资者将社会资本投入绿色金融的发展中。投资者判断公司是否符合"绿色"标准的重要依据是公司的环境信息披露水平。企业环境信息的有效披露不仅可以提升企业环境保护意识,还可以提升企业信誉度,影

---

① 资料来源:根据国家统计局《环境统计数据》。

响企业财务绩效，进而增强企业经营收入（马慧子等，2022；Feng et al.，2021；Chen et al.，2020）。为了进一步规范上市公司对环境信息的披露行为，中国生态环境部门制定了《公司环境信息依法披露管理办法》，并将突发环境事件信息披露的真实性和准确性作为上市公司环境信息披露的基本要求。由此可见，环境信息披露情况可以代表公司是否真实履行环境保护的程度（张浩和陶伦琛，2022）。此外，中国社会科学院工业经济研究所课题组（2011）将企业绿色转型界定为工业迈向能源资源利用集约、污染物排放降低、劳动生产率提升，可持续发展能力增强的过程，以资源集约利用与环境友好为导向，注重环境与经济发展的协调与统一。

为此，我们结合上述观点以及孙传旺和张文悦（2022）、王晓祺和宁金辉（2020）、于连超等（2019）的研究，使用企业绿色转型微观指数（E_GTF）衡量企业绿色行为，在指标衡量方面重点关注企业在生产过程中的高效性、集约性、可持续性。从生产水平、降污排污、环境保护、社会评价四个维度构建一级指标体系，并拓展为企业生产效率、污染治理披露、清洁生产披露、环境管理披露、环境监督披露和社会责任得分六个二级指标，以期更加准确地衡量企业绿色转型程度（E_GTF）。企业绿色转型综合指标体系的构建思路与指标内在含义见附录。其中，企业全要素生产率借鉴鲁晓东和连玉君（2012）基于 OP 算法的企业全要素生产率表示，具体算法见附录；污染治理披露用废水、废气和固定废弃物的治理与披露情况表示；清洁生产披露用清洁生产设施的披露情况表示；环境管理披露用上市公司年报的环境信息，以及环保管理制度体系、环境事件应急机制、"三同时"制度等的披露情况表示；环境监督披露用上市公司重点污染监控单位、突发环境事故、环境违法事件、环境信访案件、是否通过 ISO 认证等的披露情况表示；企业社会责任得分用和讯网企业社会责任（CSR）总得分表示。各维度变量数据主要来源于 2010~2019 年 CSMAR 上市公司微观数据库。

对于中介变量企业绿色技术创新（$Egti$）的衡量主要基于世界知识产权局在 2010 年发布的《国际绿色专利分类清单》中界定的七大类绿色专利 IPC 码即交通运输类、废弃物管理类、能源节约类、替代能源生产类、行政监管与设计类、农林类和核电类，对上述七大类绿色专利结合 A 股上市公司专利数据库进行筛选和甄别，借鉴阳镇等（2023）、刘志铭等（2022）、屈凯（2021）思路核算出企业绿色发明授权量用以衡量企业绿色技术创新。中介变量的数据主要来源于2010~2019年万得（Wind）上市公司数据与CSMAR绿色专利数据库，并对其进行5%的缩尾处理。

6.1.2 模型构建

为了研究数字经济发展水平通过企业绿色技术创新作为传导机制进而影响企业绿色转型，本书借鉴现有文献的分析思路，采用两阶段中介效应模型进行检验（温忠麟和叶宝娟，2004；石大千等，2018；申晨等，2018）本书构建如下计量模型：

$$E\_GTF_{it} = \beta_0 + \beta_1 Dedl_{it} + \beta_2 X_{it} + \varphi_i + \nu_t + \varepsilon_{it} \tag{6-1}$$

$$Egti_{it} = \alpha_0 + \alpha_1 Dedl_{it} + \alpha_2 X_{it} + \varphi_i + \nu_t + \varepsilon_{it} \tag{6-2}$$

$$E\_GTF_{it} = \gamma_0 + \gamma_1 Dedl_{it} + \gamma_2 Egti_{it} + \gamma_3 X_{it} + \phi_i + \nu_t + \varepsilon_{it} \tag{6-3}$$

式中，E_GTF_{it} 为被解释变量微观数据企业绿色转型指数，$Egti_{it}$ 为中介变量微观数据企业绿色技术创新，$Dedl_{it}$ 为解释变量宏观数据数字经济发展水平，X_{it} 为一系列的控制变量，φ_i 为企业固定效应，ν_t 为时间固定效应，ε_{it} 为随机干扰项。通过两阶段中介效应模型，首先，应该关注 β_1 系数，若 β_1 显著，说明数字经济发展水平可以影响企业绿色转型。其次，关注 α_1 系数，若 α_1 显著，说明数字经济发展水平会影响中介变量企业绿色技术创新。最后，关注 γ_1 系数，若 γ_1 显著，说明中介变量企业绿色技术创新会作用于被解释变量企业绿色转型，即数字经济发展水平会通过企业绿色技术创新影响企业绿色转型。对于本书而言，首先，若 β_1 显著为正，说明数字经济发展水平可以促进企业绿色转型；其次，若 α_1 显著为正，说明数字经济发展水平可以促进企业绿色技术创新；最后，若 γ_1 显著为正，说明数字经济发展水平可以通过促进企业绿色技术创新进而推动企业绿色转型。

6.1.3 基于绿色技术创新微观传导路径的实证结果分析

尽管有理论研究已经证明数字经济发展水平能够通过提升企业绿色技术创新

进而推动企业绿色转型，但仍然需要进行实证检验。为此，本书在式（6-1）~式（6-3）的基础上，基于 A 股上市公司微观数据，将年份与企业进行双固定，从而检验企业绿色技术创新的中介效应。结果如表 6-1 所示，第（1）~第（3）列为企业绿色技术创新为中介变量的模型回归结果。其中，第（1）列为数字经济发展水平与企业绿色转型的回归结果，结果显示，数字经济发展水平对企业绿色转型在 1% 的水平上显著为正，表明数字经济发展水平对企业绿色转型具有明显的推动作用。第（2）列为数字经济发展水平与中介变量企业绿色技术创新的回归结果，结果显示，数字经济发展水平对企业绿色技术创新在 1% 的水平上显著为正，表明数字经济发展水平对企业绿色技术创新具有明显的推动作用。第（3）列为企业绿色转型作为被解释变量将中介变量企业绿色技术创新与数字经济发展水平同时纳入模型进行回归，结果表明，中介变量企业绿色技术创新在 1% 的水平上显著为正，数字经济发展水平在 1% 的水平上显著为正，并且通过第（1）列模型回归结果进行对比发现，数字经济发展水平的系数从 0.0304 降低为 0.0179，表明中介变量企业绿色技术创新在数字经济发展水平与企业绿色转型之间起到了部分中介的作用，即数字经济发展水平会通过提升企业绿色技术创新，促进企业绿色转型，进而推动 GTFP。通过以上实证分析可以得出假设 2 成立。

表 6-1　企业绿色技术创新的路径检验结果

变量	（1） E_GTF	（2） $Egti$	（3） E_GTF
$Egti$	—	—	1.2232^{***} （0.1690）
$Dedl$	0.0304^{***} （0.0147）	0.1536^{***} （0.0529）	0.0179^{***} （0.1474）
$\_cons$	0.1013^{***} （0.0233）	0.1518^{**} （0.0837）	0.1007^{***} （0.0233）
控制变量	YES	YES	YES
时间固定效应	YES	YES	YES
企业固定效应	YES	YES	YES
N	18696	18696	18696

续表

变量	(1) E_GTF	(2) Egti	(3) E_GTF
R^2	0.0655	0.0679	0.0657

注：1%、5%、10%的显著性水平分别用＊＊＊、＊＊、＊表示，括号内为标准误（本章下同）。

6.2 产能利用效率的微观传导作用

6.2.1 变量说明

在理论分析框架中，我们得出数字经济发展水平能够通过企业产能利用效率影响 GTFP，那么这一结论能否在微观实证层面得到支持呢？为此，本书将数字经济发展水平与中国沪深 A 股 2010～2019 年的上市公司微观数据进行合并，在此过程中我们剔除银行、保险、券商等金融类上市公司，剔除 ST 与退市等特殊处理的公司样本，最终选取采掘业、石油、化工、塑料、橡胶、造纸、印刷、生物制药等行业 2842 家上市公司样本数据。从微观视角出发考察企业产能利用效率的中介效应。

中介变量企业产能利用效率（Fcue）的衡量过程需要特别说明一下，国内外对产能利用效率的研究主要基于实际产出与产能产出之比作为测算指标。目前采用的测算方法主要有峰值法、成本函数法、生产函数法和数据包络分析。峰值法通过单投入与单产出的数据对产能利用率进行估算，但单产能与产出只能看做与技术变化有关，容易忽略产业结构、企业规模变化等因素对产能的影响，导致测度结果的可靠性大大降低。成本函数法虽然有一定的理论基础，能够很好地考虑各种生产要素的投入对产能的影响，但成本函数法推导与计算较为复杂，需要有大量变量、方程与数据作为支撑，因此测算结果很容易出现偏差。数据包络分析可根据多项投入指标与多项产出指标作为决策单元，以此判断实际产出是否达到最优化，但数据包络分析容易受到极端值的影响，使得测算结果出现偏差。

生产函数法主要基于技术产能而定义的速算方法（Elein，1967）。技术产能主要指在偏好、技术等一定的前提条件下，投入生产的所有资本存量、劳动和土地等生产要素能够被充分地利用，以实现产能水平的最大化。本书借鉴余东华和吕逸楠（2015）以及国务院发展研究中心《进一步化解产能过剩的政策研究》课题组（2015）的研究，采用生产函数法从微观企业层面的角度推导潜在产能，并用微观数据对企业层面的产能利用效率进行估算。采用生产函数法对企业产能利用效率计算的理由主要在于，首先，生产函数法以新古典经济增长理论为基础，模型具有较强的理论基础，使用该方法对企业产能利用效率进行测算更具说服力；其次，相较于峰值法，生产函数法将技术进步、资本与劳动力对产出的影响，以及生产要素对产出的贡献程度均纳入模型，从而能够准确地反映出经济结构与生产活动的变化情况；最后，生产函数法在实际运用过程中仅需要资本、劳动以及产出三大指标，相较于其他估算方法，成本函数法在微观数据获取过程中具有一定的便捷性。

参考 Berndt（1986）和 Nelson（1989）的做法，采用柯布—道格拉斯（C-D）生产函数建立生产函数模型，其表达式为：

$$Y_{it} = f(K_{it}, \ L_{it}) = A_i K_i^{\alpha} L_t^{\beta} e^{-\mu} \tag{6-4}$$

式中，i 为上游、中游和下游三个生产环节，t 为样本年数，$i=1,2,3$，$t=1,2,\cdots,T$；Y_{it} 为实际产出量，用年度主营业务收入衡量；K_{it} 是固定资产投资，用年度平均固定资产净额衡量；L_{it} 为劳动力投入量，采用年度员工人数作为劳动力的投入指标；A 表示技术水平。参数 α、β 分别表示固定资本存量与劳动投入的产出弹性，并且假设规模报酬不变，则有：

$$0 < \alpha, \ \beta < 1, \ \alpha + \beta = 1 \tag{6-5}$$

对式（6-4）进行对数化处理，可得：

$$InY_{it} = \alpha InK_{it} + \beta InL_{it} + InA - \mu \tag{6-6}$$

将生产函数推演至其边界，可得边界生产函数：

$$InY_{it}^* = \alpha InK_{it} + \beta InL_{it} + InA \tag{6-7}$$

式中，Y_{it}^* 表示最大的产出水平。令 $InA = \alpha$，$E(\mu) = \varepsilon$，代入式（6-6）中可得：

$$InY_{it} = \alpha InK_{it} + \beta InL_{it} + (\alpha - \varepsilon) - (\mu - \varepsilon) \tag{6-8}$$

由于 $E(\mu - \varepsilon) = 0$，利用 OLS 模型对式（6-7）进行估计可得：

$$In\hat{Y}_{it} = \hat{\alpha} InK_{it} + \hat{\beta} InL_{it} + (\alpha - \hat{\varepsilon}) \tag{6-9}$$

式（6-9）为平均生产函数，将常数项调整为式（6-8）边界生产函数，进一步对其处理可得：

$$\text{Max}(InY_{it} - In\hat{Y}_{it}) = \text{Max}\left\{ InY_{it} - \left[\hat{\alpha} InK_{it} + \hat{\beta} InL_{it} + (\alpha - \hat{\varepsilon}) \right] \right\} \tag{6-10}$$

式（6-10）所得的最大值即为 $\hat{\varepsilon}$ 的取值，代入式（6-9）可以得到的值。通过估计推演得出的边界生产函数为：

$$\hat{Y}_{it} = e^{\hat{\alpha}} K_{it}^{\hat{\alpha}} L_{it}^{\hat{\beta}} \tag{6-11}$$

则产能利用效率即为：

$$Fcue = Y_{it} / \hat{Y}_{it} \tag{6-12}$$

6.2.2　模型构建

为了研究数字经济发展水平通过企业产能利用效率作为传导机制进而影响企业绿色转型，本书借鉴现有文献的分析思路，继续采用两阶段中介效应模型进行检验，本书构建如下计量模型：

$$E\_GTF_{it} = \beta_0 + \beta_1 Dedl_{it} + \beta_2 X_{it} + \varphi_i + \nu_t + \varepsilon_{it} \tag{6-13}$$

$$Fcue_{it} = \alpha_0 + \alpha_1 Dedl_{it} + \alpha_2 X_{it} + \varphi_i + \nu_t + \varepsilon_{it} \tag{6-14}$$

$$E\_GTF_{it} = \gamma_0 + \gamma_1 Dedl_{it} + \gamma_2 Fcue_{it} + \gamma_3 X_{it} + \phi_i + \nu_t + \varepsilon_{it} \tag{6-15}$$

式中，E_GTF_{it} 为被解释变量微观数据企业绿色转型指数，$Fcue_{it}$ 为中介变量微观数据企业产能利用效率，$Dedl_{it}$ 为解释变量宏观数据数字经济发展水平，X_{it} 为一系列的控制变量，φ_i 为企业固定效应，ν_t 为时间固定效应，ε_{it} 为随机干扰项。通过两阶段中介效应模型，首先，应该关注 β_1 系数，若 β_1 显著，说明数字经济发展水平可以影响企业绿色转型。其次，关注 α_1 系数，若 α_1 显著，说明数字经济发展水平会影响中介变量企业产能利用效率。最后，关注 γ_1 系数，若 γ_1 显著，说明中介变量企业产能利用效率作用于被解释变量企业绿色转型，即数字经济发展水平会通过企业产能利用效率影响企业绿色转型。对于本书而言，首先，若 β_1 显著为正，说明数字经济发展水平可以促进企业绿色转型；其次，若 α_1 显著为正，说明数字经济发展水平可以促进企业产能利用效率；最后，若 γ_1 显著为正，说明数字经济发展水平可以通过促进企业产能利用效率进而推动企业绿色转型。

6.2.3　基于产能利用效率微观传导路径的实证结果分析

尽管理论研究已经证明数字经济发展水平能够通过促进企业产能利用效率进而推动企业绿色转型，但仍然需要进行实证检验。为此，本书在式（6-13）~式（6-15）的基础上，基于 A 股上市公司微观数据将年份与企业进行双固定，从而检验企业产能利用效率的中介效应。结果如表 6-2 所示，第（1）列~第（3）列为企业产能利用效率为中介变量的模型回归结果。其中，第（1）列为数字经济发展水平与企业绿色转型的回归结果，结果显示，数字经济发展水平对企业绿色转型在 1% 的水平上显著为正，表明数字经济发展水平对企业绿色转型具有明显的推动作用。第（2）列为数字经济发展水平与中介变量企业产能利用效率的回归结果，结果显示，数字经济发展水平对企业产能利用效率在 1% 的水平上显著为正，表明数字经济发展水平对企业产能利用效率具有明显的推动作用。

表 6-2　企业产能利于效率的路径检验结果

变量	（1） E_GTF	（2） $Fcue$	（3） E_GTF
$Fcue$	—	—	0.0006 *** （0.0003）
$Dedl$	0.0278 *** （0.0160）	1.5191 *** （0.4633）	0.0272 ** （0.0160）
_cons	0.0872 （0.0610）	4.5482 ** （1.7630）	0.0890 （0.0610）
控制变量	YES	YES	YES
时间固定效应	YES	YES	YES

变量	(1) E_GTF	(2) Fcue	(3) E_GTF
企业固定效应	YES	YES	YES
N	15051	15044	15044
R^2	0.0706	0.0160	0.0708

第（3）列为企业绿色转型作为被解释变量，将中介变量企业产能利用效率与数字经济发展水平同时纳入模型进行回归，结果表明，中介变量企业产能利用效率在1%的水平上显著为正，数字经济发展水平在5%的水平上显著为正，并且通过第（1）列模型回归结果进行对比发现，数字经济发展水平的系数从0.0278降低为0.0272，表明中介变量企业产能利用效率在数字经济发展水平与企业绿色转型之间起到了部分中介的作用，即数字经济发展水平会通过提升企业产能利用效率创新，促进企业绿色转型，进而推动GTFP。通过以上实证分析可以得出假设3成立。

6.3 交易成本的微观传导作用

6.3.1 变量说明

在理论分析框架中，我们得出数字经济发展水平能够通过降低企业交易成本，促进企业绿色转型进而推动GTFP，那么这一结论能否在微观实证层面得到支持呢？为此，本书将数字经济发展水平与中国沪深A股2010～2019年的上市公司微观数据进行合并，在此过程中我们剔除银行、保险、券商等金融类上市公司，剔除ST与退市等特殊处理的公司样本，最终选取采掘业、石油、化工、塑料、橡胶、造纸、印刷、生物制药等行业2842家上市公司样本数据。从微观视角出发考察企业交易成本的中介效应。

为了对数字经济发展水平通过影响企业交易成本推动企业绿色转型的影响路径进行分析，需要选择能够反映企业交易成本变化的中介变量。现有研究采用企业资产专用性作为企业交易成本的代理变量，企业资产专用性的估算方式是企业无形资产占总资产的比重，比重越高意味着企业交易成本越高（杜勇和娄靖，2022）。也有采用企业的销售费用、管理费用和财务费用之和占总资产的比重用以衡量企业交易成本（夏杰长和刘斌，2017；刘乃全等，2021）。但本书认为，企业无形资产占总资产的比重并不能更精准地衡量企业交易成本。据此，采用企业的销售费用、管理费用和财务费用之和占总资产的比重，并对其进行对数化处理作为企业交易成本（Etc）的代理变量进行中介效应检验。

6.3.2　模型构建

　　为了研究数字经济发展水平通过企业交易成本作为传导机制进而影响企业绿色转型，本书借鉴现有文献的分析思路，继续采用两阶段中介效应模型进行检验，本书构建如下计量模型：

$$E\_GTF_{it} = \beta_0 + \beta_1 Dedl_{it} + \beta_2 X_{it} + \varphi_i + \nu_t + \varepsilon_{it} \tag{6-16}$$

$$Etc_{it} = \alpha_0 + \alpha_1 Dedl_{it} + \alpha_2 X_{it} + \varphi_i + \nu_t + \varepsilon_{it} \tag{6-17}$$

$$E\_GTF_{it} = \gamma_0 + \gamma_1 Dedl_{it} + \gamma_2 Etc_{it} + \gamma_3 X_{it} + \phi_i + \nu_t + \varepsilon_{it} \tag{6-18}$$

　　式中，E_GTF_{it} 为被解释变量微观数据企业绿色转型指数，Etc_{it} 为中介变量微观数据企业产能利用效率，$Dedl_{it}$ 为解释变量宏观数据数字经济发展水平，X_{it} 为一系列的控制变量，φ_i 为企业固定效应，ν_t 为时间固定效应，ε_{it} 为随机干扰项。通过两阶段中介效应模型，首先，应该关注 β_1 系数，若 β_1 显著，说明数字经济发展水平可以影响企业绿色转型。其次，关注 α_1 系数，若 α_1 显著，说明数字经济发展水平会影响中介变量企业交易成本。最后，关注 γ_1 系数，若 γ_1 显著，说明中介变量企业交易成本作用于被解释变量企业绿色转型，即数字经济发展水平会通过企业交易成本影响企业绿色转型。对于本书而言，首先，若 β_1 显著为正，说明数字经济发展水平可以促进企业绿色转型；其次，若 α_1 显著为负，说明数字经济发展水平可以降低企业交易成本；最后，若 γ_1 显著为正，说明数字经济发展水平可以通过降低企业交易成本进而推动企业绿色转型。

6.3.3 基于交易成本微观传导路径的实证结果分析

尽管理论研究已经证明数字经济发展水平能够通过降低企业交易成本进而推动企业绿色转型，但仍然需要进行实证检验。为此，本书在式（6-16）~式（6-18）的基础上，基于 A 股上市公司微观数据将年份与企业进行双固定从而检验企业交易成本的中介效应。结果如表 6-3 所示，第（1）列~第（3）列为企业交易成本为中介变量的模型回归结果。其中，第（1）列为数字经济发展水平与企业绿色转型的回归结果，结果显示，数字经济发展水平对企业绿色转型在 1% 的水平上显著为正，表明数字经济发展水平对企业绿色转型具有明显的推动作用。第（2）列为数字经济发展水平与中介变量企业交易成本的回归结果，结果显示，数字经济发展水平对企业交易成本在 1% 的水平上显著为负，表明数字经济发展水平能够降低企业交易成本。第（3）列为企业绿色转型作为被解释变量将中介变量企业交易成本与数字经济发展水平同时纳入模型进行回归，结果表明，中介变量企业产能利用效率在 1% 的水平上显著为正，数字经济发展水平在 1% 的水平上显著为正，并且通过第（1）列模型回归结果进行对比发现，数字经济发展水平的系数从 0.0304 降低为 0.0215，表明中介变量企业交易成本在数字经济发展水平与企业绿色转型间起到了部分中介的作用，即数字经济发展水平会通过降低企业交易成本，促进企业绿色转型，进而推动 GTFP。通过以上实证分析可以得出假设 4 成立。

表 6-3　企业交易成本的路径检验结果

变量	(1) E_GTF	(2) Etc	(3) E_GTF
Etc	—	—	0.0100 *** (0.0003)
Dedl	0.0304 *** (0.0147)	−0.1934 *** (0.0611)	0.0215 *** (0.0147)
_cons	0.0101 *** (0.0233)	18.9096 *** (0.0967)	−0.0885 *** (0.0432)
控制变量	YES	YES	YES

续表

变量	(1) E_GTF	(2) Etc	(3) E_GTF
时间固定效应	YES	YES	YES
企业固定效应	YES	YES	YES
N	18696	18682	18628
R^2	0.0655	0.3263	0.0672

6.4 公众环境关注度的宏观传导作用

6.4.1 变量说明

在理论分析框架中我们得出，数字经济发展水平能够通过促进公众环境关注度进而推动 GTFP，那么这一结论能否在宏观实证层面得到支持呢？为此，本书从宏观视角出发考察公众环境关注度（Pec）的中介效应是否存在，对公众环境关注度的中介效应考察，最关键在于如何准确地衡量公众环境关注情况，通过现有文献的收集与整理发现，现有对公众环境关注度的表征：一是主要集中在省级环境信访数量或者来访批次（李永友和沈坤荣，2008）；二是采用环境问题的人大建议或者全国政协提案数量（于文超等，2014）；三是省级环境信访电话或者网络投诉数量（黄永源和朱晟君，2020）。而对于公众环境关注度的指标选取，本书借鉴已有文献的思路（史丹和陈素梅，2019；伊志宏，2022；Kahn and Kotchen，2011；Choi and Varian，2012），采用百度环境搜索指数进行表征。具体而言，在百度搜索引擎上基于百度搜索指数上以"环境污染+地级市"为关键词，手动收集获取各个地级市的环境污染 CSV 文件，并计算出年均值，选择百度搜索引擎的主要依据在于：一方面，2010 年 3 月谷歌搜索正式退出中国内地市场，而后截至 2021 年百度搜索引擎 PC 端在内地市场的占有率为 52.32%，平板电脑端在内地市场的占有率为 90.63%，移动手机端在内地市场的占有率为 94.72%①。另一方面，百度搜索指数作为公众环境关注的代理变量，能够很好地衡量互联网用户对关键词的关注程度，以"环境污染"作为关键词，科学分析并且计算环境污染在某一时间段内百度网页搜索频率的加权数，能够很好地表征关键词在特定地区相对受关注的程度，且不会受到互联网用户或搜索总量的影响。因此，选择百度搜索引擎获取公众环境关注度更为可靠。由于百度搜索数量在 2010 年前存在较大的缺失值，考虑到数据质量，我们最终选取 2011~2019 年公众环境关注度数据作为研究样本。

6.4.2　模型构建

为了研究数字经济发展水平通过公众环境关注度作为传导机制进而影响 $GTFP$，本书借鉴现有文献的分析思路，继续采用两阶段中介效应模型进行检验，本书构建如下计量模型：

$$GTFP_{it} = \beta_0 + \beta_1 Dedl_{it} + \beta_2 X_{it} + \varphi_i + \nu_t + \varepsilon_{it} \tag{6-19}$$

$$Pec_{it} = \alpha_0 + \alpha_1 Dedl_{it} + \alpha_2 X_{it} + \varphi_i + \nu_t + \varepsilon_{it} \tag{6-20}$$

$$GTFP_{it} = \gamma_0 + \gamma_1 Dedl_{it} + \gamma_2 Pec_{it} + \gamma_3 X_{it} + \phi_i + \nu_t + \varepsilon_{it} \tag{6-21}$$

式中，$GTFP_{it}$ 为被解释变量绿色全要素生产率，Pec_{it} 为中介变量公众环境关注度，$Dedl_{it}$ 为解释变量宏观数据数字经济发展水平，X_{it} 为一系列的控制变量，φ_i 为城市固定效应，ν_t 为时间固定效应，ε_{it} 为随机干扰项。通过两阶段中介效应模型，首先，应该关注 β_1 系数，若 β_1 显著，说明数字经济发展水平可以影响 $GTFP$。其次，关注 α_1 系数，若 α_1 显著，说明数字经济发展水平会影响中介变量公众环境关注度。最后，关注 γ_1 系数，若 γ_1 显著，说明中介变量公众环境关注度作用于被解释变量 $GTFP$，即数字经济发展水平会通过公众环境关注度影响 $GTFP$。对于本书而言，首先，若 β_1 显著为正，说明数字经济发展水平可以促进 $GTFP$；其次，若 α_1 显著为正，说明数字经济发展水平可以促进公众环境关注度；最后，若 γ_1 显著为正，说明数字经济发展水平可以通过促进公众环境关注

---

① 资料来源：StatCounter 市场调研机构。

度进而推动 *GTFP*。

6.4.3　基于公众环境关注度宏观传导路径的实证结果分析

尽管理论研究已经证明数字经济发展水平能够通过促进公众环境关注度进而推动 *GTFP*，但仍然需要进行实证检验。为此，本书在式（6-10）~式（6-12）的基础上，基于城市样本数据检验公众环境关注度的中介效应。结果如表 6-4 所示，第（1）列~第（3）列公众环境关注度为中介变量的模型回归结果。其中，第（1）列为数字经济发展水平与 *GTFP* 的回归结果，结果显示，数字经济发展水平对 *GTFP* 在 1%的水平上显著为正，表明数字经济发展水平对 *GTFP* 具有明显的推动作用。第（2）列为数字经济发展水平与中介变量公众环境关注度的回归结果，结果显示，数字经济发展水平对公众环境关注度在 1%的水平上显著为正，表明数字经济发展水平对公众环境关注度具有明显的推动作用。第（3）列为 *GTFP* 作为被解释变量将中介变量公众环境关注度与数字经济发展水平同时纳入模型进行回归，结果表明，中介变量公众环境关注度在 1%的水平上显著为正，数字经济发展水平在 1%的水平上显著为正，并且通过第（1）列模型回归结果进行对比发现，数字经济发展水平的系数从 1.2956 降低为 1.1908，表明中介变量公众环境关注度在数字经济发展水平与 *GTFP* 之间起到了部分中介的作用，即数字经济发展水平会通过提升公众环境关注度，继而促进 *GTFP*。通过以上实证分析可以得出假设 5 成立。

表 6-4　公众环境关注度的路径检验结果

变量	（1） *GTFP*	（2） *Pec*	（3） *GTFP*
Pec	—	—	0.0073 *** （0.0008）
Dedl	1.2956 *** （0.1974）	14.3691 *** （5.5974）	1.1908 *** （0.1935）
_cons	0.9719 *** （0.2564）	23.0616 *** （7.2702）	0.8038 *** （0.2516）
控制变量	YES	YES	YES

变量	(1) *GTFP*	(2) *Pec*	(3) *GTFP*
时间固定效应	YES	YES	YES
企业固定效应	YES	YES	YES
N	2222	2222	2222
R^2	0. 1245	0. 2163	0. 1619

6.5　产业结构升级的宏观传导作用

6.5.1　变量说明

在理论分析框架中，我们得出数字经济发展水平能够通过促进产业结构优化进而推动 *GTFP*，那么这一结论能否在宏观实证层面得到支持呢？为此，本书从宏观视角出发，考察产业结构优化的中介效应是否存在。产业结构的优化升级可分为两个部分，即产业结构高级化与产业结构合理化，产业结构高级化指随着经济发展，主导产业由传统劳动密集型的工业部门向技术与人力资本密集型的服务业部门转移的过程，产业结构合理化指生产要素合理配置与各个产业协调发展。产业结构高级化的衡量，现有文献主要有三个方面：首先是对产业结构升级程度的衡量，其主要根据克拉克定律将三次产业比重沿着第一、二、三产业的顺序不断上升过程的度量（付凌晖，2010）；其次是产业结构由劳动密集型向着资本密集型，继而向着技术与知识密集型演化过程的度量（干春晖和郑若谷，2011）；最后是对产业链升级程度的度量，即从制造初级产品的产业过渡到制造中间产品的产业，演进到生产最终产品的产业（刘伟和张辉，2008）。在产业结构高级化的衡量上，我们借鉴付凌晖（2010）、陈惠中和赵景峰（2022）的研究，采用夹角余弦法对产业结构高级化（*Tisi*）进行测算，具体测算式如下：

$$\theta_j = arccos\left(\frac{\sum_{i=1}^{n}(x_i x_i，0)}{\left(\sum_{i=1}^{n} x2_i\right)\frac{1}{2}\left(\sum_{i=1}^{n} x2_i，0\right)\frac{1}{2}}\right) \quad j = 1，2，3 \tag{6-22}$$

式中，θ_1 表示第一产业向第二、三产业的升级效应，$\theta_1 = \pi - \mu_1 - \mu_2$；$\theta_2$ 表示第二产业向第三产业的升级效应，$\theta_2 = \pi/2 - \sigma_1$。产业结构高级化水平为 $Tisi = \theta_1 + \theta_2$，该指标为正向指标，值越大说明产业结构高级化水平越高。

对于产业结构合理化（$Rois$）的衡量我们借鉴袁航和朱承亮（2018）、陈惠中和赵景峰（2022）的研究采用泰尔指数衡量，该指数不仅具有兼顾度量不同产业产值、就业结构偏差以及各产业不同经济地位的优良性质，还可以衡量区域内或者变量间的不平衡程度。具体计算式为：

$$Roisl_{i,t} = \sum_{m=1}^{3} y_{i,m,t} In(y_{i,m,t}/l_{i,m,t}) \quad m = 1，2，3 \tag{6-23}$$

式中，$y_{i,m,t}$ 表示 i 地区第 m 产业在 t 时期从业人数占总就业人数的比重。$Rois$ 为产业结构的泰尔指数，即泰尔熵，代表产业结构的合理化程度，若该值为 0，说明产业结构处于均衡水平，若不为 0，说明产业结构偏离均衡状态，即代表产业结构不合理。

6.5.2　模型构建

为了研究数字经济发展水平通过产业结构高级化与产业结构合理化作为传导机制进而影响 $GTFP$，本书借鉴现有文献的分析思路，继续采用两阶段中介效应模型进行检验，本书构建如下计量模型：

$$GTFP_{it} = \beta_0 + \beta_1 Dedl_{it} + \beta_2 X_{it} + \varphi_i + \nu_t + \varepsilon_{it} \tag{6-24}$$

$$Tisi_{it} = \alpha_0 + \alpha_1 Dedl_{it} + \alpha_2 X_{it} + \varphi_i + \nu_t + \varepsilon_{it} \tag{6-25}$$

$$GTFP_{it} = \gamma_0 + \gamma_1 Dedl_{it} + \gamma_2 Tisi_{it} + \gamma_3 X_{it} + \phi_i + \nu_t + \varepsilon_{it} \tag{6-26}$$

$$Rois_{it} = \sigma_0 + \sigma_1 Dedl_{it} + \alpha_2 X_{it} + \varphi_i + \nu_t + \varepsilon_{it} \tag{6-27}$$

$$GTFP_{it} = \lambda_0 + \lambda_1 Dedl_{it} + \lambda_2 Rois_{it} + \lambda_3 X_{it} + \phi_i + \nu_t + \varepsilon_{it} \tag{6-28}$$

式中，$GTFP_{it}$ 为被解释变量绿色全要素生产率，$Tisi_{it}$ 为中介变量产业结构高级化，$Rois_{it}$ 为中介变量产业结构合理化，$Dedl_{it}$ 为解释变量宏观数据数字经济发展水平，X_{it} 为一系列的控制变量，φ_i 为城市固定效应，ν_t 为时间固定效应，ε_{it} 为随机干扰项。通过两阶段中介效应模型，首先，应该关注 β_1 系数，若 β_1 显著，说明数字经济发展水平可以影响 GTFP。其次，关注 α_1 系数，若 α_1 显著，说明数字经济发展水平会影响中介变量产业结构高级化，若 σ_1 显著，说明数字经济发展水平会影响中介变量产业结构合理化。最后，关注 λ_1 系数，若 λ_1 显著，说明中介变量产业结构合理化作用于被解释变量 GTFP，即数字经济发展水平会通过产业结构合理化影响 GTFP。若 γ_1 显著，那说明中介变量产业结构高级化作用于被解释变量 GTFP，即数字经济发展水平会通过产业结构高级化影响 GTFP。对于本研究而言，首先，若 β_1 显著为正，说明数字经济发展水平可以促进 GTFP；其次，若 α_1 显著为正，说明数字经济发展水平可以促进产业结构高级化，若 σ_1 显著为正，说明数字经济发展水平可以促进产业结构合理化；最后，若 γ_1 显著为正，说明数字经济发展水平可以通过促进产业结构高级化进而推动 GTFP，若 λ_1 显著为正，说明数字经济发展水平可以通过促进产业结构高级化进而推动 GTFP。

6.5.3 基于产业结构优化宏观传导路径的实证结果分析

尽管理论研究已经证明数字经济发展水平能够通过促进产业结构合理化与产业结构高级化进而推动 GTFP，但仍然需要进行实证检验。为此，本书在式（6-24）~式（6-28）的基础上，基于城市样本数据检验产业结构合理化与产业结构高级化的中介效应。结果如表 6-5 所示，第（1）列~第（5）列为产业结构合理化与产业结构高级化为中介变量的模型回归结果。其中，第（1）列为数字经济发展水平与 GTFP 的回归结果，结果显示，数字经济发展水平对 GTFP 在 1% 的水平上显著为正，表明数字经济发展水平对 GTFP 具有明显的推动作用。第（2）列为数字经济发展水平与中介变量产业结构高级化的回归结果，结果显示，数字经济发展水平对产业结构高级化在 5% 的水平上显著为正，表明数字经济发展水平对产业结构高级化具有明显的推动作用。第（3）列为数字经济发展水平与中介变量产业结构合理化的回归结果，结果显示，数字经济发展水平对产业结构合理化在 1% 的水平上显著为正，表明数字经济发展水平对产业结构合理化具有明显的推动作用。第（4）列为 *GTFP* 作为被解释变量将中介变量产业结构高级化与数字经济发展水平同时纳入模型进行回归，结果表明，中介变量产业结构高级化在 1% 的水平上显著为正，数字经济发展水平在 1% 的水平上显著为正，第（5）列为 *GTFP* 作为被解释变量将中介变量产业结构合理化与数字经济发展水平同时纳入模型进行回归，结果表明，中介变量产业结构合理化在 1% 的水平上显著为正，数字经济发展水平在 1% 的水平上也显著为正。通过第（1）列模型回归结果进行对比发现，产业结构高级化作为中介变量数字经济发展水平的系数从 1.2360 降低为 1.2152，产业结构合理化作为中介变量数字经济发展水平的系数从 1.2360 降低为 1.2018。这表明中介变量产业结构高级化与产业结构合理化在数字经济发展水平与 *GTFP* 之间起到了部分中介的作用，即数字经济发展水平会通过提升产业结构高级化与产业结构合理化，继而促进 *GTFP*。通过以上实证分析可以得出假设 6 成立。

表 6-5　产业结构优化的路径检验结果

变量	（1） *GTFP*	（2） *Tisi*	（3） *Rois*	（4） *GTFP*	（5） *GTFP*
Tisi	—	—	—	0.0401 *** (0.0741)	—
Rois	—	—	—	—	0.0003 *** (0.0013)
Dedl	1.2360 *** (0.1682)	0.0375 ** (0.0499)	0.9257 *** (2.8148)	1.2152 *** (0.1682)	1.2018 *** (0.1888)
_cons	0.9495 *** (0.2318)	5.9828 *** (0.0688)	1.9187 *** (3.8797)	1.1894 *** (0.5002)	0.9488 *** (0.4060)
控制变量	YES	YES	YES	YES	YES
时间固定效应	YES	YES	YES	YES	YES
企业固定效应	YES	YES	YES	YES	YES
N	2345	2345	2345	2345	2345
R^2	0.1110	0.7473	0.6175	0.1112	0.1111

6.6 市场化程度的宏观传导作用

6.6.1 变量说明

在理论分析框架中我们得出数字经济发展水平能够通过深化市场化程度进而推动 GTFP，那么这一结论能否在宏观实证层面得到支持呢？为此，本书从宏观视角出发考察市场化程度（InIom）的中介效应是否存在，对于市场化程度的衡量，现有文献在省级层面主要采用王小鲁（2018）所构建的市场化指数表征省级市场化指数，对于城市层面市场化指数的衡量文献普遍采用 GDP 与财政预算内支出之比（张文武和余泳泽，2021），私营部门就业人数与总就业人数之比（纪祥裕和顾乃华，2021）等单一指标进行衡量，仅有少量文献基于综合指标进行表征，其中最具代表性的文献主要有：纪玉俊和廉雨晴（2021）从对外贸易、政府干预、经济自由、要素市场、产品市场五个维度构造城市层面市场化指数；张治栋和廖常文（2020）从政府与市场关系、产品市场、要素市场、非国有经济、市场服务等维度构造城市层面市场化指数。本书在现有文献的基础上，借鉴樊纲和王小鲁（2011）的市场化各指标对城市层面市场化指数进行量化，并对其进行对数化处理用以表征城市市场化进程。

6.6.2 模型构建

为了研究数字经济发展水平通过市场化程度作为传导机制进而影响 GTFP，本书借鉴现有文献的分析思路，继续采用两阶段中介效应模型进行检验，本研究构建如下计量模型：

$$GTFP_{it} = \beta_0 + \beta_1 Dedl_{it} + \beta_2 X_{it} + \varphi_i + \nu_t + \varepsilon_{it} \qquad (6-29)$$

$$InIom_{it} = \alpha_0 + \alpha_1 Dedl_{it} + \alpha_2 X_{it} + \varphi_i + \nu_t + \varepsilon_{it} \qquad (6-30)$$

$$GTFP_{it} = \gamma_0 + \gamma_1 Dedl_{it} + \gamma_2 InIom_{it} + \gamma_3 X_{it} + \phi_i + \nu_t + \varepsilon_{it} \qquad (6-31)$$

式中，$GTFP_{it}$ 为被解释变量绿色全要素生产率，$InIom_{it}$ 为中介变量市场化程度，$Dedl_{it}$ 为解释变量宏观数据数字经济发展水平，X_{it} 为一系列的控制变量，φ_i 为城市固定效应，ν_t 为时间固定效应，ε_{it} 为随机干扰项。通过两阶段中介效应模型，首先，应该关注 β_1 系数，若 β_1 显著，说明数字经济发展水平可以影响 $GTFP$。其次，关注 α_1 系数，若 α_1 显著，说明数字经济发展水平会影响中介变量市场化程度。最后，关注 γ_1 系数，若 γ_1 显著，说明中介变量市场化程度作用于被解释变量 $GTFP$，即数字经济发展水平会通过市场化程度影响 $GTFP$。对于本书而言，首先，若 β_1 显著为正，说明数字经济发展水平可以促进 $GTFP$；其次，若 α_1 显著为正，说明数字经济发展水平可以促进市场化程度；最后，若 γ_1 显著为正，说明数字经济发展水平可以通过促进市场化程度进而推动 $GTFP$。

6.6.3　基于市场化程度传导路径的实证结果分析

尽管理论研究已经证明数字经济发展水平能够通过促进市场化程度进而推动 $GTFP$，但仍然需要进行实证检验。为此，本书在式（6-29）~式（6-31）的基础上，基于城市样本数据检验市场化程度的中介效应。结果如表6-6所示，第（1）列~第（3）列市场化程度为中介变量的模型回归结果。其中，第（1）列为数字经济发展水平与 $GTFP$ 的回归结果，结果显示数字经济发展水平对 $GTFP$ 在1%的水平上显著为正，这表明数字经济发展水平对 $GTFP$ 具有明显的推动作用。第（2）列为数字经济发展水平与中介变量市场化程度的回归结果，结果显示，数字经济发展水平对市场化程度在1%的水平上显著为正，表明数字经济发展水平对市场化程度具有明显的推动作用。第（3）列为 $GTFP$ 作为被解释变量将中介变量市场化程度与数字经济发展水平同时纳入模型进行回归，结果表明，中介变量市场化程度在1%的水平上显著为正，数字经济发展水平在1%的水平上显著为正，并且通过第（1）列模型回归结果进行对比发现，数字经济发展水平的系数从1.2360降低为1.1897，表明中介变量市场化程度在数字经济发展水平与 $GTFP$ 之间起到了部分中介的作用，即数字经济发展水平会通过提升市场化程度，继而促进 $GTFP$。通过以上实证分析可以得出假设7成立。

表6-6 市场化程度的路径检验结果

变量	(1) GTFP	(2) InIom	(3) GTFP
InIom	—	—	0.8201*** (0.1341)
Dedl	1.2360*** (0.1682)	0.0566*** (0.0275)	1.1897*** (0.1673)
_cons	0.9495*** (0.2318)	2.2715*** (0.0379)	2.8098*** (0.3823)
控制变量	YES	YES	YES
时间固定效应	YES	YES	YES
企业固定效应	YES	YES	YES
N	2345	2335	2335
R^2	0.1110	0.9187	0.1267

6.7 本章小结

本章在理论分析的基础上，基于城市层面样本数据，借助中介效应模型对数字经济发展水平推动 GTFP 的影响路径进行了实证分析。具体而言，一方面，本章从微观层面将上市公司数据与宏观数据进行匹配，实证检验了企业绿色技术创新、产能利用效率以及交易成本在数字经济发展水平对 GTFP 影响中的传导作用。另一方面，本章从宏观层面实证检验了公众环境关注度、产业结构优化以及市场化程度在数字经济发展水平对 GTFP 影响中的传导作用。研究结果表明：

第一，采用世界知识产权界定交通运输类、废弃物管理类、能源节约类、替代能源生产类、行政监管与设计类、农林类和核电类七大类绿色专利并结合 A 股上市公司专利数据库进行筛选和甄别衡量企业绿色技术创新水平的回归结果显示，数字经济发展水平可以有效地推动企业绿色转型，绿色技术创新在数字经济发展水平与企业绿色转型之间起到了部分中介的作用，即数字经济发展水平会通

· 134 ·

过提升企业绿色技术创新，促进企业绿色转型，进而推动 *GTFP*。

第二，采用生产函数法从微观企业层面的角度推导潜在产能，并用微观数据对企业层面的产能利用效率进行估算衡量企业产能利用效率的回归结果显示，企业产能利用效率在数字经济发展水平与企业绿色转型之间起到了部分中介的作用，数字经济发展水平会通过提升企业产能利用效率，促进企业绿色转型，进而推动 *GTFP*。采用企业的销售费用、管理费用和财务费用之和占总资产的比重衡量企业交易成本的回归结果显示，数字经济发展水平会通过降低企业交易成本，促进企业绿色转型，进而推动 *GTFP*。

第三，采用百度搜索指数衡量的公众环境关注度的回归结果显示，数字经济发展水平会通过提升公众环境关注度，继而促进 *GTFP*；采用余弦法衡量产业结构高级化和泰尔指数衡量产业结构合理化的回归结果显示，数字经济发展水平会通过提升产业结构高级化与产业结构合理化，继而促进 *GTFP*；采用市场化指数衡量市场化程度的回归结果显示，数字经济发展水平会通过提升市场化程度，进而促进 *GTFP*。

第7章 数字经济发展水平影响绿色全要素生产率的调节效应

根据前两章的实证研究可知，数字经济发展水平在微观视角下可以通过影响企业绿色技术创新、产能利用效率和交易成本推动企业绿色转型，进而提升 GTFP，数字经济发展水平在宏观视角下可以通过公众环境关注度、产业结构升级和市场化程度进而提升 GTFP。但通常而言，经济行为的产生受制于外部环境的约束，即数字经济发展水平对 GTFP 的影响可能在某些特定的条件下发挥出更大的作用。为此，本书基于政府环境规制、经济增长目标、人力资本水平以及城市创新创业四个维度考察其对 GTFP 的调节作用。并试图回答：一是何种因素会成为影响数字经济发展水平对 GTFP 作用效果的关键变量；二是包含政府环境规制、经济增长目标、人力资本水平以及城市创新创业在内的外在条件是否表现出同等或者同方向作用，如果不是，它们的影响差异是什么？针对上述两个问题，本章将在前文样本数据的基础上引入政府环境规制、经济增长目标、人力资本水平以及城市创新创业相关指标，采用固定效应模型与调节效应模型相结合的方法，分别检验政府环境规制、经济增长目标、人力资本水平以及城市创新创业在数字经济发展水平对 GTFP 影响中的调节作用，根据检验结果中系数方向与显著性评估各要素的影响方向，深究可能作用差异的原因。需要进行特别说明的是，选择政府环境规制、经济增长目标、人力资本水平以及城市创新创业进行调节作用检验是因为，一方面，政府环境规制、环境目标约束、人力资本水平以及创新创业对于城市环境污染作为外生变量，更可能会对城市环境产生一定的影响。另一方面，四个调节变量反映了政府环境目标约束、经济增长目标约束与城市发展环境在环境治理中的作用效果。

7.1 政府环境规制在数字经济发展水平对绿色全要素生产率影响中的调节作用

在经济发展方式对城市生态环境影响越来越大的情况下，党中央越来越重视环境保护，近年来出台了一系列"命令与控制""市场激励"的环境监管行为（岳子航等，2022）。如出台了环保法律法规、征收排污费用以及设定排污标准等。政府环境规制作为环境污染综合治理能力的重要手段，有效评价其对 GTFP 的影响，对于完善中国城市绿色发展显得尤为重要，政府环境规制对 GTFP 的影响已经得到诸多学者的论证（何凌云和祁晓凤，2022；杨书等，2022；张文卿等，2023）。然而数字经济发展水平对政府环境规制影响主要体现在，一方面，随着数字经济的不断发展与延伸，打破了企业与政府之间的信息壁垒，能够有效地畅通信息渠道。同时，数字经济能够充分发挥出数据赋能的优势，建立可量化的企业绿色评价体系，能够增强政府甄别环境信息的能力与效率，从而为政府环境规制提供有效助益，进而识别企业在绿色创新活动中的环境风险能力，强化企业在制定绿色创新决策时的风险意识。另一方面，从政府主体角度而言，数字经济发展可以有效降低企业与政府之间的信息不对称，避免政府环境规制义务人受利益驱使而产生的言行不一的"洗绿"行为（巴曙松等，2022；伍中信等，2022）。通过上述研究内容，是否意味着政府环境规制会影响数字经济发展水平对 GTFP 的激励效应呢？为此，需要我们对其进行进一步的实证检验。

7.1.1 模型构建与指标说明

为了深入探讨政府环境规制如何影响数字经济发展水平对 GTFP 的促进效应，本书参考卢娟（2020）和杨煜（2019）的研究，在基准回归模型的基础上采用调节效应模型来考察政府环境规制在数字经济发展水平对 GTFP 影响中的调节作用，计量模型构建如下：

$$GTFP_{it}=\beta_0+\beta_1 Dedl_{it}+\beta_2 Dedl_{it}\times Geid_{it}+\beta_3 Geid_{it}+\beta_4 X_{it}+\mu_i+\varphi_t+\theta_{it} \qquad (7-1)$$

式中，$GTFP_{it}$ 为被解释变量绿色全要素生产率，$Dedl_{it}$ 为数字经济发展水平，$Dedl_{it}\times Geid_{it}$ 表示政府环境规制与数字经济发展水平的交互项，$Geid_{it}$ 为政府环境规制，X_{it} 为控制变量集，μ_i 为城市固定效应，φ_t 为时间固定效应，θ_{it} 为随机干扰项，在该模型中，若 β_1 为正，表明政府环境规制对数字经济发展水平影响 GTFP 具有正向调节作用，即政府环境规制有利于激励数字经济发展水平对 GTFP 的促进作用。若 β_1 为负，表明政府环境规制对数字经济发展水平影响 GTFP 具有负向调节作用，即政府环境规制削弱了数字经济发展水平对 GTFP 的促进作用。纵观现有文献，对于如何衡量政府环境规制并未形成共识，分别采用工业固体废物综合利用率（郭然和原毅军，2020），工业废气治理设施运行费与工业废气排放量的比值、工业废水治理设施运行费与工业废水排放量的比值（邵慰等，2022），污染治理投资占 GDP 的比重（岳立等，2022；张平和张鹏鹏，2016），综合指数法构建环境规制变量（李佳佳等，2022）对政府环境规制进行衡量。本书鉴于数据的可得性，借鉴余泳泽等（2020）、朱于珂（2022）、邓慧慧和杨露鑫（2019）等的研究思路手动提取并整理各地级市各年份《政府工作报告》中"环保"一词占报告全文总字数的比重，作为政府环境规制的替代变量。

7.1.2　基于政府环境规制的调节效应检验

政府环境规制对数字经济发展水平推动 GTFP 调节效应的回归结果如表7-1所示。第（1）列的回归中政府环境规制与数字经济发展水平构建交互项（Dedl×Geid），并且控制城市与时间固定效应，未加入控制变量；第（2）列报告了加入控制变量的回归结果。结果显示，无论在模型中是否加入控制变量，政府环境规制与数字经济发展水平所构建的交互项（Dedl×Geid）只存在大小差异，均在1%的水平上显著为正，意味着政府环境规制程度越高有助于促进数字经济发展水平对 GTFP 的正向调节作用。其原因可能在于，政府的环境目标约束倒逼企业进行绿色技术创新与产业结构升级发挥出环境治理效应，刺激地方出台更为严格的环境治理举措，激励企业高新技术研发与清洁生产，有助于城市实现经济增长与环境保护的双赢发展。

表 7-1　政府环境规制的调节效应回归结果

变量	(1) GTFP	(2) GTFP	(3) GTFP	(4) GTFP	(5) GTFP
Dedl×Geid	41.9061 *** (19.2963)	67.5112 *** (20.1956)	91.6983 *** (20.0693)	59.3947 *** (18.9597)	50.5689 *** (0.4010)
Dedl	1.6099 *** (0.0160)	1.6336 *** (0.2049)	1.5072 *** (0.2047)	1.5983 *** (0.1993)	1.0505 *** (0.4010)
_cons	0.9803 *** (0.0166)	0.9811 ** (0.2320)	0.8379 *** (0.2261)	1.0543 *** (0.0381)	1.0253 *** (0.2360)
控制变量	NO	YES	YES	YES	YES
时间固定效应	YES	YES	YES	YES	YES
企业固定效应	YES	YES	YES	YES	YES
N	2595	2330	2300	2330	2330
R^2	0.1093	0.1169	0.1140	0.1400	0.0960

注：1%、5%、10%的显著性水平分别用 ***、**、* 表示，括号内为标准误（本章下同）。

表 7-1 基于式（7-1）的实证检验结果证实了政府环境规制在数字经济发展水平影响 GTFP 的调节作用，但这一结果可能受到样本选择以及数据处理偏误的影响。基于此，本书在前文调节效应模型的基础上，对该实证结果采用样本筛选、数据处理、指标替换等方法进行稳健性检验，检验结果如表 7-1 第（3）列~第（5）列所示，其中，第（3）列为样本筛选检验，即剔除了全样本中的直辖市样本后重新进行回归，实证结果显示，在对一般地级市进行回归发现，政府环境规制与数字经济发展水平的交互项系数在 1%的水平上显著为正，与第（2）列系数显著性和方向完全一致，表明政府环境规制的确有助于促进数字经济发展水平对 GTFP 的提升效应，因此第（2）列的研究结论具有一定的稳健性。第（4）列为数据缩尾检验，对全部样本数据进行1%的缩尾处理后重新进行实

证检验，结果显示，政府环境规制与数字经济发展水平的交互项系数在1%的水平上显著为正，与第（2）列系数显著性和方向完全一致，即政府环境规制的确有助于促进数字经济发展水平对 *GTFP* 的提升效应，因此进一步证实了第（2）列的研究结论具有一定的稳健性。第（5）列为替换变量检验，即将数字经济发展水平基于熵权法+TOPSIS 重新测算，并与政府环境规制进行交互，实证结果显示，政府环境规制与数字经济发展水平的交互项系数在1%的水平上显著为正，与第（2）列系数显著性和方向完全一致，即政府环境规制的确有助于促进数字经济发展水平对 *GTFP* 的提升效应，因此进一步证实了第（2）列的研究结论具有一定的稳健性。基于此，本书通过一系列稳健性检验，有理由认为政府环境规制在数字经济发展水平影响 *GTFP* 中起到正向调节作用。

7.2 经济增长目标在数字经济发展水平对绿色全要素生产率影响中的调节作用

在改革开放的很长一段时间内，经济增长成为了地方政府治理的主要目标，保经济增长是各级政府的共同目标。在依照经济增长为核心的目标考核机制下，经济增长目标能够激励地方政府将资源配置到能高效实现经济发展的领域中。此外在晋升锦标赛的激励下，地方政府制定经济增长目标将高于自身切实发展需求，因此在目标制定过程中会存在层层加码的现象（周黎安等，2015；Li，2019；石磊，2022）。经济增长目标约束着地方政府，成为检验地方政府行政治理水平的重要标志。经济增长目标的压力迫使地方政府利用其所拥有的资源和行政权力，通过直接或间接的手段促进本地区的短期经济增长，从而达到预定的经济增长目标，以获得上级政府的青睐（Ma，2016；安梦天和何爱平，2022）。但是，短期内过高的经济增长目标导致了地方政府的短视行为，在这样的背景下促使地方政府以牺牲环境为代价换取短期经济增长，由此造成了环境污染的日益严重。然而经济增长目标对数字经济发展水平的影响主要体现在：一方面经济增长目标的设定可能会折损经济发展的质量，特别是下级地方政府出于传递积极信号，会主动提高经济增长目标，使得地方政府迫不得已扭曲资源配置，甚至美化经济数据以达到预期增长目标，从而降低数字经济发展效率（杨贤宏等，2021）。另一方面，地方经济增长目标设定过高，会加剧地方财政压力，降低财政科技支出的比重，地方政府会更加关注财政资源投入一般性经济项目中，以寻求短期中迅速形成经济效益，而那些具有长期性，创新性扶持的财政科技支出很难受到政府部门的关注，从而不利于地方数字经济发展水平的提升（吴非等，2021；吴延兵，2017）。通过上述研究内容，是否意味着经济增长目标会影响数字经济发展水平对 GTFP 的激励效应呢？为此，需要我们对其进行进一步的实证检验。

7.2.1 模型构建与指标说明

为了深入探讨经济增长目标如何影响数字经济发展水平对 GTFP 的促进效应，本书参考白雪洁等（2022）的研究，在基准回归模型的基础上采用调节效应模型考察经济增长目标在数字经济发展水平对 GTFP 影响中的调节作用，计量模型构建如下：

$$GTFP_{it} = \beta_0 + \beta_1 Dedl_{it} + \beta_2 Dedl_{it} \times Oed_{it} + \beta_3 Geid_{it} + \beta_4 X_{it} + \mu_i + \varphi_t + \theta_{it} \quad (7-2)$$

式中，$GTFP_{it}$ 为被解释变量绿色全要素生产率，$Dedl_{it}$ 为数字经济发展水平，$Dedl_{it} \times Oed_{it}$ 表示经济增长目标与数字经济发展水平的交互项，Oed_{it} 为经济增长目标，X_{it} 为控制变量集，μ_i 为城市固定效应，φ_t 为时间固定效应，θ_{it} 为随机干扰项，在该模型中，若 β_1 为正，表明经济增长目标对数字经济发展水平影响 GTFP 具有正向调节作用，即经济增长目标有利于激励数字经济发展水平对 GTFP 的促进作用。若 β_1 为负，表明经济增长目标对数字经济发展水平影响 GTFP 具有负向调节作用，即经济增长目标削弱了数字经济增长水平对 GTFP 的促进作用。纵观现有文献，现有研究采用省级层面的经济增长目标管理数据来衡量经济增长目标（周黎安等，2015）。本章借鉴徐现祥和梁剑雄（2014）、刘淑琳等（2019）、黄亮雄等（2021）和石磊（2022）的研究，通过地方政府网、地方统计年鉴手动整理 2010~2019 年地级市政府工作报告与经济工作会议文件，相关政府文件在表述经济增长目标时做如下处理，经济增长目标中对于采用"约""左右""高于""不低于"等表述时,采用具体数值,对于采用"区间"等表述时取其中间值,用于衡量经济增长目标。

7.2.2 基于经济增长目标的调节效应检验

如表7-2所示经济增长目标对数字经济发展水平推动 GTFP 调节效应的回归结果。第(1)列的回归中经济增长目标与数字经济发展水平构建交互项(Dedl×Oed),并且控制城市与时间固定效应,未加入控制变量;第(2)列报告了加入控制变量的回归结果。结果显示,无论在模型中是否加入控制变量,经济增长目标与数字经济发展水平所构建的交互项(Dedl×Oed)在1%的水平上显著为负,意味着经济增长目标越高将带来数字经济发展水平对 GTFP 的负向调节作用。其原因可能在于,经济增长目标约束增强了地方政府发展地区经济的动机,削弱了数字经济发展水平对城市的减排效应,从而不利于 GTFP 的提升。换言之,在经济增长目标的约束下,地方政府为完成既定考核要求,压力较大,会采取短期经济行为,以牺牲生态环境为代价,加剧了"逐底竞争",减少了环境治理投入。同时,地方政府发展数字经济的方式可能被扭曲,不利于资源的合理配置和产业结构的升级。弱化了数字经济发展对环境污染的治理效果。该结论与张杰和付奎(2022)研究结论一致。

表7-2 经济增长目标的调节效应回归结果

变量	(1) GTFP	(2) GTFP	(3) GTFP	(4) GTFP	(5) GTFP
Dedl×Oed	-0.0013*** (0.0009)	-0.0008*** (0.0010)	-0.0011*** (0.0010)	-0.0012*** (0.0010)	-0.00008** (0.0007)
Dedl	1.3167*** (0.1556)	1.2042*** (0.1714)	0.9559*** (0.1752)	1.2340*** (0.1730)	0.8229*** (0.3977)
_cons	0.9815*** (0.0166)	0.9702*** (0.2326)	0.8249*** (0.2272)	1.0525*** (0.2054)	1.0322*** (0.2366)
控制变量	NO	YES	YES	YES	YES
时间固定效应	YES	YES	YES	YES	YES

续表

变量	（1） *GTFP*	（2） *GTFP*	（3） *GTFP*	（4） *GTFP*	（5） *GTFP*
企业固定效应	YES	YES	YES	YES	YES
N	2600	2335	2305	2335	2335
R^2	0.1077	0.1117	0.1049	0.1352	0.0905

表 7-2 基于式（7-2）的实证检验结果证实了经济增长目标在数字经济发展水平影响 *GTFP* 的调节作用，但这一结果可能受到样本选择以及数据处理偏误的影响。基于此，本书在前文调节模型的基础上，对该实证结果采用样本筛选、数据处理、指标替换等方法进行稳健性检验。检验结果如表 7-2 第（3）列~第（5）列所示，其中，第（3）列为样本筛选检验，即剔除了全样本中的直辖市样本后重新进行回归，实证结果显示，在对一般地级市进行回归发现，经济增长目标与数字经济发展水平的交互项系数在 1% 的水平上显著为负，与第（2）列系数显著性和方向完全一致，表明经济增长目标的确会抑制数字经济发展水平对 *GTFP* 的提升效应，因此第（2）列的研究结论具有一定的稳健性。第（4）列为数据缩尾检验，对全部样本数据进行 1% 的缩尾处理后重新进行实证检验，结果显示，经济增长目标与数字经济发展水平的交互项系数在 1% 的水平上显著为负，与第（2）列系数显著性和方向完全一致，即经济增长目标的确有助于促进数字经济发展水平对 *GTFP* 的提升效应，因此进一步证实了第（2）列的研究结论具有一定的稳健性。第（5）列为替换变量检验，即将数字经济发展水平基于熵权法+TOPSIS 重新测算，并与经济增长目标进行交互，结果显示，经济增长目标与数字经济发展水平的交互项系数在 5% 的水平上显著为负，与第（2）列系数显著性和方向完全一致，即经济增长目标的确会抑制数字经济发展水平对 *GTFP* 的提升效应，因此进一步证实了第（2）列的研究结论具有一定的稳健性。基于此，本书通过一系列稳健性检验，有理由认为经济增长目标在数字经济发展水平影响 *GTFP* 中起到负向调节作用。

7.3 人力资本水平在数字经济发展水平对绿色全要素生产率影响中的调节作用

以大数据、人工智能、云计算等数字技术为主的数字经济与社会生产融合日益紧密，成为了未来经济发展的核心引擎。然而数字化具有产业更新快、技术依赖程度高以及要素需求大等特征，更加依赖特定要素的投入（王学义和何泰屹，2021）。人力资本作为经济发展过程中重要的生产要素。最早由 Schultz（1961）在美国经济学年会上提出，之后有学者开始不断丰富人力资本的相关研究（陈南旭和李益，2022）。随着新一轮科技革命的不断推进，数字经济与传统产业不断深度融合，持续改变着社会生产方式的同时对各个行业、各个领域、各个区域的人力资本水平不断产生影响，促使人们在数字化时代不断进行学习，以提高自身综合能力与素养。数字经济的不断发展为企业创新提供了机遇，人力资本成为了企业创新的第一资源，人力资本与创新技术融合能够有效地将投入资源转化为新产品或新服务，进行持续地创新（黄先海和王瀚迪，2022）。对于人力资本与环境污染方面的研究，现有研究认为，一方面，企业通过不断提升人力资本水平进而改善生产效率，推动了产品向绿色方向转变（方森辉和毛其淋，2021）。另一方面，人力资本水平可以显著地提升 GTFP，主要表现在通过减少经济发展过程中污染物排放进而提升 GTFP（Wang，2021）。通过上述研究内容，是否意味着人力资本水平的高低也会影响数字经济发展水平对 GTFP 的激励效应呢？为此，需要我们对其进行进一步的实证检验。

7.3.1 模型构建与指标说明

为了深入探讨人力资本水平如何影响数字经济发展水平对 GTFP 的促进效应，本书参王馨和王营（2021）的研究，在基准回归模型的基础上采用调节效应模型来考察人力资本水平在数字经济发展水平对 GTFP 影响中的调节作用，计量

模型构建如下:

$$GTFP_{it} = \beta_0 + \beta_1 Dedl_{it} + \beta_2 Dedl_{it} \times Hcl_{it} + \beta_3 Geid_{it} + \beta_4 X_{it} + \mu_i + \varphi_t + \theta_{it} \tag{7-3}$$

式中,$GTFP_{it}$ 为被解释变量绿色全要素生产率,$Dedl_{it}$ 为数字经济发展水平,$Dedl_{it} \times Hcl_{it}$ 表示人力资本水平与数字经济发展水平的交互项,Hcl_{it} 为人力资本水平,X_{it} 为控制变量集,μ_i 为城市固定效应,φ_t 为时间固定效应,θ_{it} 为随机干扰项,在该模型中,若 β_1 为正,表明人力资本水平对数字经济发展水平影响 $GTFP$ 具有正向调节作用,即人力资本水平有利于激励数字经济发展水平对 $GTFP$ 的促进作用。若 β_1 为正,表明人力资本水平对数字经济发展水平影响 $GTFP$ 具有负向调节作用,即人力资本水平削弱了数字经济增长水平对 $GTFP$ 的促进作用。纵观现有文献,对于人力资本水平的衡量并未形成一致,主要采用本科以上学历人数占总就业人数的比重(蔡庆丰等,2021)与劳动力平均受教育年限(高琳,2021)。本章借鉴张宽和黄凌云(2019)、王启超等(2020)和何小钢等(2020)的研究以及限于地级市宏观数据的可得性采用普通本专科及以上人口数/全市常住人口作为人力资本水平的替代变量。

7.3.2 基于人力资本水平的调节效应检验

人力资本水平对数字经济发展水平推动 $GTFP$ 调节效应的回归结果如表 7-3 所示。第(1)列的回归使用人力资本水平与数字经济发展水平构建交互项($Dedl \times Hcl$),并且控制城市与时间固定效应,未加入控制变量;第(2)列报告了加入控制变量的回归结果。结果显示,无论在模型中是否加入控制变量,人力资本水平与数字经济发展水平所构建的交互项($Dedl \times Hcl$)在 1% 的水平上显著为正,意味着人力资本水平越高将带来数字经济发展水平对 $GTFP$ 的正向调节作用。其原因可能在于,一方面,作为工业技术密集型的代表,数字经济的发展离不开创新要素的持续投入,人力资本水平的提升在促进数字化快速转型的同时,也不断促使新技术、新产业的产生;另一方面,人力资本的知识溢出效应也加快了技术效率的改进,进而推动了 $GTFP$ 的提升。

表 7-3 基于式(7-3)的实证检验结果证实了人力资本水平在数字经济发展水平影响 $GTFP$ 中的调节作用,但这一结果可能受到样本选择以及数据处理偏误

的影响。基于此，本书在前文调节模型的基础上，对该实证结果采用样本筛选、数据处理、指标替换等方法进行稳健性检验，检验结果如表7-3第（3）列~第（5）列所示，其中第（3）列为样本筛选检验，即剔除了全样本中的直辖市样本后重新进行回归，实证结果显示，在对一般地级市进行回归发现，人力资本水平与数字经济发展水平的交互项系数在1%的水平上显著为正，与第（2）列系数显著性和方向完全一致，表明人力资本水平的确会促进数字经济发展水平对 GTFP 的提升效应，因此第（2）列的研究结论具有一定的稳健性。第（4）列为数据缩尾检验，对全部样本数据进行1%的缩尾处理后重新进行实证检验，结果显示，人力资本水平与数字经济发展水平的交互项系数在1%的水平上显著为正，与第（2）列系数显著性和方向完全一致，即人力资本水平的确有助于促进数字经济发展水平对 GTFP 的提升效应，因此进一步证实了第（2）列的研究结论具有一定的稳健性。第（5）列为替换变量检验，即将数字经济发展水平基于熵权法+TOPSIS 重新测算，并与人力资本水平进行交互，结果显示，人力资本水平与数字经济发展水平的交互项系数在1%的水平上显著为正，与第（2）列系数显著性和方向完全一致，即人力资本水平的确会促进数字经济发展水平对 GTFP 的提升效应，因此进一步证实了第（2）列的研究结论具有一定的稳健性。基于此，本书通过一系列稳健性检验，有理由认为人力资本水平在数字经济发展水平影响 GTFP 中起到正向调节作用。

表7-3　人力资本水平的调节效应回归结果

变量	(1) GTFP	(2) GTFP	(3) GTFP	(4) GTFP	(5) GTFP
$Dedl \times Hcl$	0.1959*** (0.0283)	0.2236*** (0.0371)	0.2382*** (0.0363)	0.1828*** (0.0399)	0.3063*** (0.0359)
$Dedl$	0.4671*** (0.1990)	0.4616*** (0.2105)	0.1545 (0.2135)	0.6145*** (0.2231)	0.3853*** (0.4152)
_cons	0.9881*** (0.0164)	0.8525*** (0.2304)	0.6974*** (0.2248)	0.9774*** (0.2042)	0.8444*** (0.2327)
控制变量	NO	YES	YES	YES	YES
时间固定效应	YES	YES	YES	YES	YES

变量	（1） *GTFP*	（2） *GTFP*	（3） *GTFP*	（4） *GTFP*	（5） *GTFP*
企业固定效应	YES	YES	YES	YES	YES
N	2610	2345	2315	2345	2345
R^2	0.1248	0.1264	0.1225	0.1426	0.1207

7.4　城市创新创业在数字经济发展水平对绿色全要素生产率影响中的调节作用

在新一轮科技革命与产业变革的浪潮中，数字经济快速发展成为了经济社会的核心力量，世界已经逐步进入数据赋能、万物互联、智能驱动为主要特征的数字经济时代。数字经济的发展对城市创新系统具有持久而全面的影响（葛立宇等，2022）。随着数字经济的不断深入，数字技术不仅缩短了技术研发周期，提高了技术研发效率，而且降低了技术研发门槛，创新所需的各种要素投入也得到极大的释放和扩大。此外，数字经济加速了知识与信息的广泛传播，使得创新主体之间的学习交流显得更加便捷与高效，在这种情况下，不仅提升了知识溢出和信息共享效应，也推动了创新性思维与科技理念之间的碰撞，加大了创新产出的可能性（马为彪和吴玉鸣，2022）。数字经济的发展，一方面，会激发用户对产品多样性的需求，促进产品市场种类的增加，为创业活动奠定了良好的基础；另一方面，数字技术与数字平台的应用充分满足了创业者对市场信息获取的需求，因此，无论是创业决策前对市场前期的把握，还是创业过程中便捷的信息传递，数字经济都发挥了不可忽视的作用（周广肃和樊纲，2018）。创新创业对绿色全要素生产率的影响主要体现在：一方面，城市创新创业指数越高，越会吸引创新要素集聚，为科技创新创造条件，而科技创新加快城市生产方式由传统的粗放式生产模式向绿色集约型转变，推动绿色全要素生产率的提升。另一方面，城市创新创业指数的提升会带来新兴行业的崛起，资源综合利用、节能设备研发、清洁生产等生产性服务业推动节能减排提升能源利用效率（丁焕峰等，2021）。通过上述理论分析，是否意味着城市创新创业指数的高低也会影响数字经济发展水平对 GTFP 的激励效应呢？为此，需要我们对其进行进一步的实证检验。

7.4.1 模型构建与指标说明

为了深入探讨城市创新创业指数如何影响数字经济发展水平对 GTFP 的促进效应，本书参考昝欣和欧国立（2021）、韩璐等（2021）的研究，在基准回归模型的基础上采用调节效应模型来考察城市创新创业在数字经济发展水平对 GTFP 影响中的调节作用，计量模型构建如下：

$$GTFP_{it}=\beta_0+\beta_1 Dedl_{it}+\beta_2 Dedl_{it}\times Uiei_{it}+\beta_3 Geid_{it}+\beta_4 X_{it}+\mu_i+\varphi_t+\theta_{it} \quad (7\text{-}4)$$

式中，$GTFP_{it}$ 为被解释变量绿色全要素生产率，$Dedl_{it}$ 为数字经济发展水平，$Dedl_{it}\times Uiei_{it}$ 表示城市创新创业指数与数字经济发展水平的交互项，$Uiei_{it}$ 为人力资本水平，X_{it} 为控制变量集，μ_i 为城市固定效应，φ_t 为时间固定效应，θ_{it} 为随机干扰项，在该模型中，若 β_1 为正，表明城市创新创业指数对数字经济发展水平影响 GTFP 具有正向调节作用，即城市创新创业指数有利于激励数字经济发展水平对 GTFP 的促进作用。若 β_1 为负，表明城市创新创业指数对数字经济发展水平影响 GTFP 具有负向调节作用，即城市创新创业指数削弱了数字经济增长水平对 GTFP 的促进作用。纵观现有文献，对于城市创新创业的衡量，主要有罗雪等（2022）及金环和于立宏（2021）采用发明专利申请数量，赵儒煜等（2022）采用发明专利、实用新兴专利和外观设计专利申请数之和，王斌等（2021）采用国家创新城市试点政策。本书借鉴龙建辉（2018）、徐霞等（2021）、宋准等（2022）的研究以及限于地级市宏观数据的可得性采用北京大学企业大数据研究中心发布的历年地级市总量创新创业指数。该指数以企业大数据库为依托，反映人、技术、投资三个维度与新建企业、外来投资、风险投资、专利授权和商标授权五个子维度，系统考察了地级市创新创业水平。

7.4.2 基于城市创新创业的调节效应检验

城市创新创业指数对数字经济发展水平推动 GTFP 调节效应的回归结果如

表7-4所示。第（1）列的回归使用城市创新创业指数与数字经济发展水平构建交互项（Dedl×Uiei），并且控制城市与时间固定效应，未加入控制变量；第（2）列则报告了加入控制变量的回归结果。结果显示，无论在模型中是否加入控制变量，城市创新创业指数与数字经济发展水平所构建的交互项（Dedl×Uiei）都在1%的水平上显著为正，意味着城市创新创业指数越高将带来数字经济发展水平对GTFP的正向调节作用。其原因可能在于：一方面，城市创新创业指数越高，会不断吸引创新要素聚集，为数字经济发展提供条件，城市生产方式由以往的粗放式生产模式向集约式过渡；另一方面，在新发展理念下城市创新创业指数的提升也进一步带来新兴绿色产业的萌生，促进了GTFP。因此，城市创新创业指数的提升，将强化数字经济发展的环境污染治理效应。

基于式（7-4）的实证检验结果（见表7-4），证实了城市创新创业在数字经济发展水平对GTFP影响中的调节作用，但这一结果可能受到样本选择以及数据处理偏误的影响。基于此，本书在前文调节模型的基础上，对该实证结果采用数据处理和指标替换的方法进行稳健性检验，检验结果如表7-4第（3）列和第（4）列所示，其中，第（3）列为数据缩尾检验，对全部样本数据进行1%的缩尾处理后重新进行实证检验，结果显示，城市创新创业与数字经济发展水平的交互项系数在1%的水平上显著为正，与第（2）列系数显著性和方向完全一致，即城市创新创业指数的确有助于促进数字经济发展水平对GTFP的提升效应，因此，进一步证实了第（2）列的研究结论具有一定的稳健性。第（4）列为替换变量检验，即将数字经济发展水平基于熵权法+TOPSIS重新测算，并与城市创新创业指数进行交互，结果显示，城市创新创业与数字经济发展水平的交互项系数在1%的水平上显著为正，与第（2）列系数显著性和方向完全一致，即城市创新创业指数的确会促进数字经济发展水平对GTFP的提升效应，因此，进一步证实了第（2）列的研究结论具有一定的稳健性。基于此，本书通过一系列稳健性检验，有理由认为城市创新创业指数在数字经济发展水平影响GTFP中起到正向调节作用。

表 7-4　城市创新创业的调节效应回归结果

变量	(1) GTFP	(2) GTFP	(3) GTFP	(4) GTFP
Dedl×Hcl	0.0215 *** (0.0032)	0.0156 *** (0.0034)	0.0064 *** (0.0018)	0.0118 *** (0.0023)
Dedl	0.8689 *** (0.3459)	0.4529 (0.3563)	0.9695 *** (0.1871)	0.1889 (0.4839)
_cons	0.9927 *** (0.0166)	0.8402 *** (0.2350)	0.9643 *** (0.2084)	0.8038 *** (0.2384)
控制变量	NO	YES	YES	YES
时间固定效应	YES	YES	YES	YES
企业固定效应	YES	YES	YES	YES
N	2460	2195	2195	2195
R²	0.1170	0.1125	0.1362	0.1047

7.5　本章小结

　　本章基于政府环境规制、经济增长目标、人力资本水平以及城市创新创业四个维度考察其对数字经济发展水平推动 GTFP 中的调节作用，以期实证检验外部约束对数字经济发展水平与 GTFP 关系的影响。研究结论如下：

　　第一，从政府环境规制的角度来看，通过手动提取并整理各地级市各年份《政府工作报告》中"环保"一词占报告全文总字数的比重作为政府环境规制的替代变量，检验了政府环境规制在数字经济发展水平对 GTFP 中的调节作用。结果显示，政府环境规制程度越高，越有助于促进数字经济发展水平对 GTFP 的正向调节作用，暗示了政府的环境目标约束倒逼企业进行绿色技术创新与产业结构升级，以发挥出环境治理效应，刺激地方出台更为严格的环境治理举措，激励企业高新技术研发与清洁生产，有助于城市实现经济增长与环境保护的双赢发展。

　　第二，从经济增长目标的角度来看，通过地方政府网和地方统计年鉴手动整理地级市政府工作报告与经济工作会议文件中对于经济发展用"约""左右""高于""不低于"等表述时,采用具体数值,对于采用"区间"等表述时取其中间值用以衡量经济增长目标。并且,检验了经济增长目标在数字经济发展水平对 GTFP 中的调节作用。结果显示,经济增长目标越高,越将带来数字经济发展水平对 GTFP 的负向调节作用。暗示了经济增长目标约束增强了地方政府发展地区经济的动机,削弱了数字经济发展水平对城市的减排效应,从而不利于 GTFP 的提升。从理论而言,在经济增长目标的约束下,地方政府为完成既定考核要求,压力较大,采取短期经济行为,以牺牲生态环境为代价,加剧了"逐底竞争",减少了环境治理投入。同时,地方政府发展数字经济的方式可能被扭曲,不利于资源的合理配置和产业结构的升级。弱化了数字经济发展对环境污染的治理效果。

第三,从人力资本水平的角度来看,通过采用普通本专科及以上人口数/全市常住人口作为人力资本水平的替代变量。检验了人力资本水平在数字经济发展水平对 GTFP 中的调节作用。结果显示,人力资本水平越高,越将带来数字经济发展水平对 GTFP 的正向调节作用。一方面,作为工业技术密集型的代表,数字经济的发展离不开创新要素的持续投入,人力资本水平的提升在促进数字化快速转型的同时,也不断促使新技术、新产业的产生;另一方面,人力资本的知识溢出效应也加快了技术效率的改进,进而推动了 GTFP 的提升。

第四,从城市创新创业的角度来看,通过采用北京大学企业大数据研究中心发布的历年地级市总量创新创业指数,检验了城市创新创业在数字经济发展水平对 GTFP 中的调节作用。结果显示,城市创新创业指数越高将带来数字经济发展水平对 GTFP 的正向调节作用。这说明:一方面,城市创新创业指数越高,越会不断吸引创新要素聚集,为数字经济发展提供条件,城市生产方式由以往的粗放式生产模式向集约式过渡;另一方面,在新发展理念下,城市创新创业指数的提升进一步带来新兴绿色产业的萌生,促进了 GTFP。因此,城市创新创业指数的提升,将强化数字经济发展的环境污染治理效应。

第8章　研究结论与政策建议

本章对前文所得出的重要研究结论进行总结，并且在此基础上，提出相应的政策建议，以期为推动绿色全要素生产率提供政策指导。

8.1　主要结论

绿色可持续的经济增长模式为实现区域经济发展和生态环境保护的有机协调提供了重要保障，成为了经济、社会、生态相互协调发展的必然选择。如何以社会生产方式系统变革为基础，把握新时代经济高质量发展，进而探索绿色可持续发展的实践路径，是目前最为重要的学术课题之一。因此，提升绿色全要素生产率已经成为了改善生态环境的重要手段。与此同时，随着数字经济的蓬勃发展，使数据成为了继企业家才能、技术、劳动力之后的新生产要素，数据也成为了国家基础性战略资源，而其自身的生产与运营也是绿色产业，蕴含着庞大的经济效益与发展前景。为此，本书从理论与实证两个维度，考察数字经济发展水平对绿色全要素生产率的影响及其作用路径，以及政府环境规制、经济增长目标约束与城市发展环境的调节效应。具体研究结论包括：

第一，对数字经济发展水平影响绿色全要素生产率进行理论分析，同时从理论角度考察数字经济发展水平对绿色全要素生产率的影响路径。一方面，在理论层面将数字经济发展水平与绿色全要素生产率引入内生经济增长模型中，理论考察数字经济发展水平对绿色全要素生产率的影响。另一方面，考虑到绿色全要素生产率是一个对经济产出、污染排放和要素节约等方面综合考量的动态发展过程，企业无疑是环境污染物的主要制造者。对于企业而言，由于环境外部性的存在，企业环境污染所产生的环境成本一般不由企业自身承担，而由城市来承担。因此，考察了在微观层面数字经济发展水平通过企业绿色技术创新、产能利用效率和交易成本促进企业绿色转型，进而推动绿色全要素生产率。在宏观层面，数字经济发展水平通过公众环境关注度、产业结构升级和市场化程度推动绿色全要素生产率。

第二，本书考察了数字经济发展水平与绿色全要素生产率的测度与演化特征。①中西部地区数字经济发展水平指数年均增长率高于东部地区。现阶段，东部地区数字经济发展初期的红利消耗殆尽，数字化转型已经基本完成，中西部地区数字经济发展水平依然存在较高的数字红利；通过对数字经济发展水平对比，发现数字经济发展水平的均值在不断提升，并且各城市间的差距随着时间的推移在逐渐缩小，但数字经济发展水平较高的城市依然主要集中在东部地区的一线城市。空间格局图证明了现阶段中国各地区数字经济发展水平存在较为明显"马太效应"，且已经在发达地区与欠发达地区形成了"数字鸿沟"现象。②现阶段中国城市绿色转型在不断进步。从贡献因素来看，绿色全要素生产率指数的波动大致与技术进步波动相同，且技术进步的贡献大于技术效率，技术效率的波动相对于技术进步更加的平稳，说明绿色全要素生产率的动力主要源于技术进步驱动的。此外，绿色全要素生产率在区域之间存在显著的差异性，中西部地区绿色全要素生产率增长仍有待提升，从绿色全要素生产率的空间分布情况来看，京津冀、珠三角、长江中游与长三角城市群绿色全要素生产率的增长速度偏高，中原与成渝城市群绿色全要素生产率相对偏低，反映出城市群之间在绿色协同发展中存在着显著的空间异质性，尤其是东部沿海城市群相对于内陆城市群发展水平更高。

第三，基于城市层面 2010~2019 年平衡面板数据，采用固定效应模型从定量方面考察数字经济发展水平对绿色全要素生产率的影响。基准回归结果表明，数字经济发展水平能够显著提升绿色全要素生产率，在逐步加入控制变量的情况下，这种关系依然存在，最终核心解释变量的估系数为 1.2360，从回归的经济含义而言，如果数字经济发展水平提升 1 个单位，会带来绿色全要素生产率提升 19.9%。该结论在包含双重差分设计、倾向匹配双重差分模型、安慰剂检验、变量替换、模型设定、排除其他干扰性政策、工具变量估计等一系列稳健性检验下依然存在。进一步异质性讨论结果表明：①就城市规模差异而言，中小型城市数字经济发展水平对绿色全要素生产率具有显著的负向影响，大型、特大型与超大型城市的数字经济发展水平对绿色全要素生产率具有显著的正向影响。②就经济区位而言，东部沿海综合经济区、北部沿海综合经济区、南部沿海综合经济区、黄河中游经济综合区和东北综合经济区数字经济发展水平可以促进绿色全要素生产率，并且数字经济发展水平提升所带来绿色全要素生产率的影响呈现出东部沿海综合经济区大于北部沿海综合经济区大于黄河中游经济综合区大于东北综合经济区大于南部沿海综合经济区。长江中游综合经济区与大西南综合经济区数字经济发展水平对绿色全要素生产率没有明显的相关性，大西北综合经济区数字经济发展水平对绿色全要素生产率具有显著的负向影响。③就资源属性而言，无论是资源型城市，还是非资源型城市，数字经济发展水平均能对绿色全要素生产率产生影响，但通过回归系数可以看出，数字经济发展水平对资源型城市绿色全要素生产率的作用效果要高于非资源型城市，将资源型城市依据城市发展规律、发展阶段、保障程度和可持续发展能力，分为成长型、成熟型、衰退型和再生型四种类型继续探讨数字经济发展水平对绿色全要素生产率的影响，发现数字经济发展水平对成长型与衰退型城市并未表现出正向激励效果，对成熟型与再生型城市发挥出显著正向影响。④就交通运输量而言，高交通运输量的城市数字经济发展水平对绿色全要素生产率的影响显著为正，低交通运输量城市数字经济发展水平对绿色全要素生产率的影响不显著。⑤就不同分解项而言，数字经济发展水平对绿色全要素生产率技术效率的分解项不显著，对技术进步的分解项显著。⑥就碳排放强度而言，高碳排放量城市数字经济发展水平对绿色全要素生产率具有显著的正向影响，低碳排放量城市数字经济发展水平对绿色全要素生产率没有显著影响。

第四，借助中介效应模型对数字经济发展水平推动绿色全要素生产率的影响路径进行实证分析。结果显示，一方面，微观层面数字经济发展水平会通过提升企业绿色技术创新和产能利用效率，促进企业绿色转型，进而推动绿色全要素生产率。数字经济发展水平会通过降低企业交易成本，促进企业绿色转型，进而推动绿色全要素生产率。另一方面，宏观层面数字经济发展水平会通过提升公众环境关注度、产业结构优化以及市场化程度继而促进绿色全要素生产率。

　　第五，运用固定效应模型与调节效应模型相结合的方法，实证检验了政府环境规制、经济增长目标、人力资本水平以及城市创新创业对绿色全要素生产率的调节作用。结果显示：①就政府环境规制而言，政府的环境目标约束倒逼企业进行绿色技术创新与产业结构升级发挥出环境治理效应，刺激地方出台更为严格的环境治理举措，激励企业高新技术研发与清洁生产，有助于城市实现经济增长与环境保护的双赢发展。②就经济增长目标而言。经济增长目标约束增强了地方政府发展地区经济的动机，削弱了数字经济发展水平对城市的减排效应，从而不利于绿色全要素生产率的提升。从理论而言，在经济增长目标约束下，为了完成既定考核要求，地方政府有较强压力与采取短期的经济行为，加剧了以牺牲生态环境为代价的"逐底竞争"，降低了对环境治理的投入力度。同时，地方政府发展数字经济的方式可能被扭曲，继而不利于资源合理配置与产业结构升级，弱化了数字经济发展的环境污染治理效应。③就人力资本水平而言。一方面，作为工业技术密集型的代表，数字经济的发展离不开创新要素的持续投入，人力资本水平的提升在促进数字化快速转型的同时，也不断促使新技术、新产业的产生；另一方面，人力资本的知识溢出效应也加快了技术效率的改进，进而推动了绿色全要素生产率的提升。④就城市创新创业而言。一方面，城市创新创业指数越高，越会不断吸引创新要素聚集，为数字经济的发展提供条件，城市生产方式由以往的粗放式生产模式向集约式过渡；另一方面，在新发展理念下城市创新创业指数的提升也进一步带来新兴绿色产业的萌生，促进了绿色全要素生产率。因此，城市创新创业指数的提升，将强化数字经济发展的环境污染治理效应。

8.2 政策建议

本书旨在检验数字经济发展水平如何影响绿色全要素生产率。基于上述研究结论,为实现数字经济与绿色全要素生产率的协同发展提出如下政策建议:

第一,作为中国经济新动能的重要组成部分,数据作为新生产要素,催生出了包括大数据、人工智能、区块链技术在内的数字产业,对促进区域经济增长、推动经济结构转型,实现绿色发展具有重要的推动作用。决策实施者应该更好地顺应时代发展浪潮,进一步加强数字经济发展的基础性建设。各地政府需要持续推进"智慧城市""数字中国"建设,充分发挥数字经济在经济结构转型升级过程中的重要作用,突出数字经济发展的顶层设计,加快数字经济发展与传统产业的深度融合,推动传统产业向数字化、网络化、智能化转型,是当代产业发展的趋势,也是提高企业生产效率、减少资源浪费,提质增效转型升级的重要途径。

第二,近年来,地方政府陆续出台了一系列推动数字经济发展的相关政策,数字经济持续快速发展。总体而言,各城市数字经济发展水平呈现出不断上升的趋势,但东部地区与中西部地区之间数字经济发展水平依然存在明显差异。针对数字经济发展水平不平衡问题,要充分发挥政府政策在数字化程度较低地区的干预力度,强化中西部地区数字化基础设施建设,提升区域数字化人力资本,以缩小区域间形成的"数字鸿沟"。

第三,由于绿色全要素生产率的动力主要源于技术进步驱动的,因此,为持续提升绿色全要素生产率,需要进一步强化绿色技术创新在城市绿色发展的核心驱动功能。鉴于此,一方面,地方政府需要充分考虑城市群的要素禀赋和环境承载压力,因地制宜地构建统一开放、协调高效的区域协同创新共同体;另一方面,地方政府需要完善城市创新制度供给与政策体系,全面提升政府治理效能,促使创新要素在区域间自由流动。

第四,考虑到区域数字经济发展水平推动绿色全要素生产率效果的差异性,地方政府需要动态化、差异化实施数字经济发展战略。具体而言，一方面，在资源型城市中要积极推进"互联网+产业"，调整资源在部门间的合理分配，提高资源投入产出效率，加速高耗能、高污染的传统产业转型升级，形成节能减排的现代化产业体系；另一方面，要充分考虑中小规模城市人力资本水平、经济发展水平、基础设施建设等保障措施是否完善，避免过于激进的发展互联网政策而导致大量能源消耗问题。

第五，本书证实数字经济发展水平通过微观中介企业绿色技术创新、产能利用效率以及交易成本影响企业绿色转型，进而推动绿色全要素生产率，这意味着提升绿色技术创新、降低产能损耗以及降低交易成本可能是提升绿色全要素生产率的有效手段。因此，一方面，要通过加大创新投入、互联网专业人才引进与基础设施建设等途径提供创新保障，降低政府干预，搭建知识共享平台，推动要素自由流动营造创新氛围，为企业创造优质的创新环境；另一方面，企业应该充分利用数字化转型的良好契机，使数字技术与核心业务深度融合，对企业全方位、全链条进行生产改造，降低企业产能损耗，提升资源使用效率，畅通企业产能利用效率与交易成本在数字经济发展过程中的传导机制。

第六，本书证实数字经济发展水平通过宏观中介公众环境关注度、产业结构优化以及市场化程度推动绿色全要素生产率，这意味着，一方面，相关环境保护部门与环境保护志愿者应该充分借助短视频、互联网以及社交公众号等新兴互联网媒体平台，定期推送环境问题以及生态保护的文章，提高公众环境关注度；另一方面，要保障区域内产业发展的合理规划，加快城市"退二进三"进程，推动区域产业结构转型升级，不断优化营商环境，为数字经济赋能城市绿色发展奠定良好的基础。

参考文献

[1] Abdul-Nasser, El-Kassar, Sanjay, et al. Green innovation and organizational performance: The influence of big data and the moderating role of management commitment and HR practices-science direct [J]. Technological Forecasting and Social Change, 2019, 14 (4): 483-498.

[2] Afsah S, Laplante B, Wheeler D. Controlling industrial pollution: A new paradigm [J]. Social Science Electronic Publishing, 1996 (1): 7-14.

[3] Apalkova S T V, Tsyganov S. Digital Economy: A new paradigm of global information society [J]. Economic Review, Ekonomickérozh, 2016 (1): 295-311.

[4] Apergis N, Filippidis I, Economidou C. Financial deepening and economic growth linkages: A panel data analysis [J]. Review of World Economics, 2007, 143 (1): 179-198.

[5] Artur T, Chousa J P, Vadlamannati K C. Does higher economicand financial development lead to environmental degradation: Evidence from BRIC countries [J]. Enemy Policy, 2009 (1): 246-253.

[6] Barney J. Firm resources and sustained competitive advantage [J]. Journal of Management, 1991, 17 (1): 99-120.

[7] Barro R. J. Economic growth in a cross section of countries [J]. Quarterly Journal of Economics, 1991 (106): 407-413.

[8] Benhabib J, M M. The role of human capital in economic development evi-

dence: From aggregate cross – country data [J]. Journal of Monetary Economics, 1994 (34): 143.

[9] Berndt E R, D M. Hesse. Measuring and assessing capacity utilization in the manufacturing sectors of nine oecd countries [J]. European Economic Review, 1986, 30 (5): 961–989.

[10] Blackmen A. Colombia's discharge fee program: Incentives for polluters or regulators? [J]. Journal of Environmental Management, 2009, 90 (1): 101–119.

[11] Blomstrom M, Kokko A. Multinational corporations and spillovers [J]. Journal of Economic Surveys, 1998, 12 (3): 247–277.

[12] Bossone B, Lee J K. In finance, size matters: The "systematic scale economies" hypothesis [Z]. 1MF Staff Papers, 2004 (1): 19–46.

[13] Brynjolfsson E, Hitt L M. Beyond computation: Information technology [J]. The Journal of Economic Perspectives, 2000, 14 (4): 23–48.

[14] Cantoni D, Chen Y, Yang D Y, et al. Curriculum and ideology [J]. Journal of Political Economy, 2017, 125 (2): 338.

[15] Chames A, Cooper W W, Rhodes E. Measuring the efficiency of decision making units [J]. European Journal of Operational Research, 1978, 2 (6): 429–444.

[16] Chen M A, Wu Q, Yang B. How valuable is Fin Tech innovation? [J]. The Review of Financial Studies, 2019, 32 (5): 2062–2106.

[17] Chen S, Wu Y, Shi X, et al. Why do many a–share listed companies eagerly disclose food safety information in China? —from the perspective of financing constraints [J]. Applied Economics, 2020 (1): 1–14.

[18] Chung Y H, Färe R, Grosskopf S. Productivity and undesirable outputs: A directional distance function approach [J]. Journal of Environmental Management, 1997, 51 (3): 229–240.

[19] Climent F, Soriano P. Journal of business green and good? The investment performance of US environmental mutual ethics [J]. Funds, 2011 (2): 275–287.

[20] Cropper M L, Oates W E. Environmental economics: A survey [J]. Jour-

nal of Economic Literature, 1992, 30 (2): 675-740.

[21] De Faria P, Lima F, Santos R. Cooperation in innovation activities: The importance of partners [J]. Research Policy, 2010, 39 (8): 1082-1092.

[22] Dolireux D, Porto Gomez I. A Review of (almost) 20years of regional innovation systems research [J]. European Planning Studies, 2016 (11): 371-3877.

[23] Dinda S. A theoretical basis for the environmental Kuznets curve [J]. Ecological Economics, 2005, 53 (3): 403-413.

[24] Färe R. Productivity growth, technical progress, and efficiency change in industrialized countries [J]. The American Economic Review, 1989, 84 (1): 66.

[25] Feng Yanchao, Wang Xiaohong, Liang Zhou. How does environmental information disclosure affect economic development and haze pollution mediating role of green technolo Chinese cities? the innovation [J]. Science of the Total Environment, 2021 (775): 1-10.

[26] Fleder D, Hosanagar K. Blockbuster culture's next rise or fall: The impact of recommender systems on sales diversity [J]. Management Science, 2009, 55 (5): 697-712.

[27] Freeman C. Economics of industrial innovation [J]. Routledge, 2013.

[28] Fudenberg Drew, J Miguel Villas-Boas. Price discrimination in the digital economy. Oxford handbook of the digital economy [M]. Oxford: Oxford University Press, 2012.

[29] Goldfarb A, Tucker C. Digital economics [J]. Journal of Economic Literature, 2019, 57 (1): 3-43.

[30] Gorg H, Greenaway D. Much ado about nothing? do domestic firms really benefitfrom foreign direct investment? [J]. World Bank Research Observer, 2004 (19): 171-197.

[31] Gustafsson R, Jääskeläinen M, Maula M, et al. Emergence of industries: A review and future directions [J]. International Journal of Management Reviews, 2016, 18 (1): 28-50.

［32］ Hack S, Berg C. The potential of IT for corporate sustainability ［J］. Sustainability, 2014, 6（7）: 4163-4180.

［33］ Hailu A, Veeman T S. Environmenta. Sensitive productivity analysis of the canadian pulp and paper industry, 1959-1994: An Input Distance Function Approac ［J］. Journal of Environmental Economics & Management, 2000, 40（3）: 251-274.

［34］ J T Pastor, C A Knox Lovell. A global malmquist productivity index ［J］. Economics Letters, 2005（88）: 266-271.

［35］ Jacobs J. The economy of cities ［M］. New York: Random House, 1969.

［36］ Jones C. R&D-based models of economic growth ［J］. Journal of Political Economy, 1995（103）: 759-784.

［37］ Kahn M, Kotchen M. Business cycle effects on concern about climate change: The chilling effect of recession ［J］. Climate Change Economics, 2011, 2（3）: 257-273.

［38］ Kaneko S, Managi S. Environmental productivity in China ［J］. Economics Bulletin, 2004, 17（2）: 1-10.

［39］ Kaoru Tone. A slacks-based measure of super-efficiency in data envelopment analysis ［J］. European Journal of Operational Reaerach, 2002（143）: 32-41.

［40］ Kolko. Broadband and local growth ［J］. Journal of Urban Economics, 2012, 71（1）: 100.

［41］ Kuznets S. Economic crowth and income equality ［J］. American Economic Review, 1955, 45（1）: 1-28.

［42］ Lee J D, Park C. Research and development linkages in a national innovation system: Factors affecting success and failure in korea ［J］. Technovation, 2006, 26（9）: 1045-1054.

［43］ Liao Z. Environmental policy instruments, environmental innovation and the reputation of enterprises ［J］. Journal of Cleaner Production, 2018（171）: 1111-1117.

［44］ Liu G, Wang B, Zhang N. A coin has two sides: Whichone is driving China's green TFP growth? [J]. Economic Systems, 2016, 40 (3): 481-494.

[45] Lordan G, D Neumark. People versus machines: The impact of minimum wages on automatable jobs [J]. Labour Economics, 2018 (52): 7-14.

[46] Lucas R. On the mechanics of economic development [J]. Journal of Monetary Economics, 1988, 22 (1) 3-42.

[47] Managi S, Kaneko S. Economic growth and the environment in China: An empirical analysis of productivity [J]. International Journal of Global Environmental Issues, 2006, 6 (1): 89-133.

[48] Marshall A. Principles of economics: An introductory volume [M]. London: Macmillan, 1890.

[49] Minx J C, Baiocchi G, Peters G P, et al. A "carbonizing dragon": China's fast growing CO_2 emissions revisited [J]. Environmental Science & Technology, 2011, 45 (21): 9144-9153.

[50] Nadkarn S, Prügl R. Digital transformation: A review, synthesis and opportunities forfuture research [J]. Management Review Quarterly, 2021, 71 (2): 233-341.

[51] Nelson R A. On the measurement of capacity utilization [J]. The Journal of Industrial Economics, 1989, 37 (3): 273-286.

[52] Nunn N, Qian N. US Food Aid and Civil Conflict [J]. American Economic Review, 2014, 104 (6): 1630-1666.

[53] OECD. Measuring the digital economy: A new perspective [M]. Pairs: OECD Publishing, 2014.

[54] OH D H. A global malmquist luenberger productivity index [J]. Journal of Productivity Analysis, 2010, 34 (3): 183-197.

[55] Pittman R W. Multilateral productivity comparisons with undesirable outputs [J]. The Economic Journal, 1983, 93 (372): 883-891.

[56] Porter M E, C Vander Linde. Toward a new conception of the environment competitiveness relationship [J]. Journal of Economic Perspectives, 1995, 9 (4):

97-118.

[57] Prahalad C K, Ramaswamy V. Coopting customer competence [J]. Harvard Business Review, 2000 (1): 79-87.

[58] R G Kind, R Levine. Finance, Entrepreneurship and growth [J]. Journal of Monetary Economics, 1993, 32 (3): 513-542.

[59] P M Romer. Endogenous Technological Change [J]. Journal of Political Economy, 1990 (98): 71-102.

[60] Rikap C. Becoming an intellectual monopoly by relying on the national innovation system: The state grid corporation of China's experience [J]. Research Policy, 2022, 51 (4): 104472.

[61] Rizzoli A E, Montemanni R, Bettoni A, et al. Software support for sustainable supplychain configuration and management [A]//Hilty L M, Aebischer B. ICT innovations for sustainability [M]. Cham: Springer, 2015.

[62] Russell W. Pittman. Multilateral productivity comparisons with undesirable outputs [J]. The Economic Journal, 1983, 93 (372): 883-891.

[63] Scheel H. Undesirable outputs in efficiency valuations [J]. European Journal of Operational Research, 2001, 132 (2): 400-410.

[64] Schultz T W. Investment in human capital [J]. The American Economic Review, 1961 (1): 1-17.

[65] Shin D H, Choi M J. Ecological views of big data: Perspectives and issues [J]. Telematics & Informatics, 2015, 32 (2): 311-320.

[66] Sterner T, Robinson E. Selection and design of environmental policy instruments [J]. Handbook of Environmental Economics, 2018 (4): 231-284.

[67] Tapscott Don. The digital economy: Promise and peril in the age of networked intelligence [M]. New York: McGraw-Hill, 1996.

[68] Tone K. A slacks-based measure of efficiency in data envelopment analysis [J]. European Journal of Operational Research, 2001, 130 (3): 498-509.

[69] Walter I, Ugelow J. Environmental policies in developing countries

［J］. Ambio, 1979, 8 (2/3)：102-109.

［70］Warren J D, Moffitt K C, Byrnes P. How big data will change accounting ［J］. Accounting Horizons, 2015, 29 (2)：397-407.

［71］Wheeler, D., Pargal, S. Informal regulation of industrial pollution in developing countries：Evidence from Indonesia ［J］. Journal of Political Economy, 1996, 104 (6)：50-65.

［72］Y. H. Chung, R. Färe, S. Grosskopf. Productivity and undesirable outputs：A directional distance function approach ［J］. Microeconomics, 1997, 51 (3)：229-240.

［73］Yoo Y., Henfridsson O. & Lyytinen K. Research commentary—the new organizing logic of digital innovation：An agenda for information systems research ［J］. Information Systems Research, 2010, 21 (4)：724-735.

［74］Zhao P., Zeng L., Lu H., et al. Green Economic efficiency and its influencing factors in China from 2008 to 2017：Based on the Super-SBM model with undesirable outputs and spatial dubin model ［J］. Science of the Total Environment, 2020 (741)：140026.

［75］安梦天, 何爱平. 欲速则不达：地方政府经济预期目标与绿色发展效率 ［J］. 中国人口·资源与环境, 2022, 32 (10)：50-64.

［76］巴曙松, 李妮娜, 张兢. 数字金融与企业绿色创新：排斥还是融合? ［J］. 财经问题研究, 2022, 469 (12)：57-68.

［77］白雪洁, 宋培, 李琳. 数字经济如何平衡"稳增长调结构"目标——基于地区—行业层面的分析 ［J］. 南开经济研究, 2022, 229 (7)：3-22.

［78］宝哲, 周小亮. 数字赋能与城市碳排放——基于下一代互联网示范城市的准自然试验 ［J］. 气候变化研究进展, 2022, 18 (4)：503-508.

［79］卞元超, 白俊红. 区域市场整合能否提升企业的产能利用率? ［J］. 财经研究, 2021, 47 (11)：64-77.

［80］蔡庆丰, 程章继, 陈武元. 社会资本、家庭教育期望与阶层流动——基于"中国家庭追踪调查"的实证研究与思考 ［J］. 教育发展研究, 2021,

41（20）：9-21.

　　[81] 蔡跃洲，牛新星. 数字经济增加值规模测算及结构分析 [J]. 中国社会科学，2021，311（11）：4-30+204.

　　[82] 钞小静，薛志欣，王宸威. 中国新经济的逻辑、综合测度及区域差异研究 [J]. 数量经济技术经济研究，2021（10）：3-23.

　　[83] 陈超凡. 中国工业绿色全要素生产率及其影响因素——基于 ML 生产率指数及动态面板模型的实证研究 [J]. 统计研究，2016，33（3）：53-62.

　　[84] 陈刚，李树，尹希果. 腐败与中国经济增长——实证主义的视角 [J]. 经济社会体制比较，2008，137（3）：59-68.

　　[85] 陈国青，曾大军，卫强，等. 大数据环境下的决策范式转变与使能创新 [J]. 管理世界，2020，36（2）：95-105+220.

　　[86] 陈惠中，赵景峰. 数字金融、产业结构优化与经济高质量发展 [J]. 西南民族大学学报（人文社会科学版），2022，43（5）：94-108.

　　[87] 陈梦根，张鑫. 数字经济的统计挑战与核算思路探讨 [J]. 改革，2020（9）：52-67.

　　[88] 陈南旭，李益. 数字经济对人力资本水平提升的影响研究 [J]. 西北人口，2022，43（6）：65-76.

　　[89] 陈强. 高级计量经济学及 stata 应用 [M]. 北京：高等教育出版社，2020.

　　[90] 陈诗一，严法善，吴若沉. 资本深化、生产率提高与中国二氧化碳排放变化——产业、区域、能源三维结构调整视角的因素分解分析 [J]. 财贸经济，2010，349（12）：111-119+145.

　　[91] 陈诗一. 中国的绿色工业革命：基于环境全要素生产率视角的解释（1980—2008）[J]. 经济研究，2010，45（11）：21-34+58.

　　[92] 陈燕红，张超. 环境违法成本视角下的上市公司股价对污染事件响应特征研究 [J]. 中国人口·资源与环境，2017，27（S1）：61-66.

　　[93] 曹振祥. 数字经济对环境质量的影响研究 [D]. 安徽大学博士学位论文，2022.

［94］陈志，程承坪，陈安琪．人工智能促进中国高质量就业研究［J］．经济问题，2022，517（9）：41-51.

［95］谌莹，张捷．碳排放峰值与能耗峰值及其影响因素——跨国及中国的实证研究［J］．国际贸易问题，2015，390（6）：92-100.

［96］成琼文，丁红乙．财政补贴、政策组合与资源型企业创新产出——基于创新产出异质性视角［J］．中国科技论坛，2021，305（9）：20-30+103.

［97］程中华，徐晴霏，李廉水．环境政策与环境偏向型技术进步［J］．研究与发展管理，2021，33（5）：94-107.

［98］笪远瑶，王珊珊，周京奎．数字经济促进消费升级了吗［J］．贵州财经大学学报，2022，221（6）：31-42.

［99］戴魁早，骆莙函．环境规制、政府科技支持与工业绿色全要素生产率［J］．统计研究，2022，39（4）：49-63.

［100］党琳，李雪松，申烁．数字经济、创新环境与合作创新绩效［J］．山西财经大学学报，2021，43（11）：1-15.

［101］邓慧慧，杨露鑫．雾霾治理、地方竞争与工业绿色转型［J］．中国工业经济，2019，379（10）：118-136.

［102］邓荣荣，张翱祥．中国城市数字经济发展对环境污染的影响及机理研究［J］．南方经济，2022，389（2）：18-37.

［103］邓向荣，冯学良，李宝伟．金融改革与地区产业结构升级——来自金融改革试验区设立的准自然实验［J］．经济学家，2021，266（2）：71-80.

［104］丁焕峰，孙小哲，王露．创新兴城市试点改善了城市环境吗？［J］．产业经济研究，2021，111（2）：101-113.

［105］董梅，李存芳．低碳省区试点政策的净碳减排效应［J］．中国人口·资源与环境，2020，30（11）：63-74.

［106］董有德，夏文豪．外商直接投资与绿色全要素生产率——基于系统GMM和门槛模型的实证研究［J］．上海经济研究，2022，407（8）：94-106.

［107］董直庆，王辉．环境规制的"本地—邻地"绿色技术进步效应［J］．中国工业经济，2019，370（1）：100-118.

［108］杜勇，娄靖．数字化转型对企业升级的影响及溢出效应［J］．中南财经政法大学学报，2022，254（5）：119-133.

［109］樊纲，王小鲁，马光荣．中国市场化进程对经济增长的贡献［J］．经济研究，2011，46（9）：4-16.

［110］范琳珊，吕长江，陈皓雪．新媒体能缓解信息传染效应吗——基于环境污染曝光的事件研究［J］．会计研究，2022，413（3）：28-46.

［111］范欣，尹秋舒．数字金融提升了绿色全要素生产率吗？［J］．山西大学学报（哲学社会科学版），2021，44（4）：109-119.

［112］方森辉，毛其淋．人力资本扩张与企业产能利用率——来自中国"大学扩招"的证据［J］．经济学（季刊），2021，21（6）：1993-2016.

［113］冯博，王雪青．中国各省建筑业碳排放脱钩及影响因素研究［J］．中国人口·资源与环境，2015，25（4）：28-34.

［114］冯迪，马慧子．信息化对绿色工艺创新组织变革影响研究——以高耗能高污染制造业企业为例［J］．技术经济与管理研究，2015，230（9）：58-62.

［115］冯锐．金融集聚、绿色技术创新和绿色经济效率［J］．经济经纬，2022，39（4）：150-160.

［116］付凌晖．我国产业结构高级化与经济增长关系的实证研究［J］．统计研究，2010，27（8）：79-81.

［117］干春晖，郑若谷，余典范．中国产业结构变迁对经济增长和波动的影响［J］．经济研究，2011，46（5）：4-16+31.

［118］高琳．分权的生产率增长效应：人力资本的作用［J］．管理世界，2021，37（3）：6-8+67-83.

［119］高素英，王迪，马晓辉．产业协同集聚对绿色全要素生产率的空间效应研究——来自京津冀城市群的经验证据［J］．华东经济管理，2023，37（1）：73-83.

［120］葛立宇，莫龙炯，张方．数字经济发展与城市区域创新——来自我国281个城市的经验证据［J］．广东财经大学学报，2022，37（5）：18-30+42.

［121］郭东杰，周立宏，陈林．数字经济对产业升级与就业调整的影响

[J]. 中国人口科学, 2022, 210 (3): 99-110+128.

[122] 郭峰, 陈凯. 空间视域下互联网发展对城市环境质量的影响——基于空间杜宾模型和中介效应模型 [J]. 经济问题探索, 2021, 462 (1): 104-112.

[123] 郭晗, 全勤慧. 数字经济与实体经济融合发展：测度评价与实现路径 [J]. 经济纵横, 2022 (11): 72-82.

[124] 郭家堂, 骆品亮. 互联网对中国全要素生产率有促进作用吗？[J]. 管理世界, 2016 (10): 34-49.

[125] 郭庆旺, 贾俊雪. 中国省份经济周期的动态因素分析 [J]. 管理世界, 2005 (11): 50-58.

[126] 郭然, 原毅军. 环境规制、研发补贴与产业结构升级 [J]. 科学学研究, 2020, 38 (12): 2140-2149.

[127] 郭然. 产业协同集聚下绿色全要素生产率增长的实现机制研究 [D]. 大连：大连理工大学博士学位论文, 2021.

[128] 郭威, 司孟慧. 金融集聚提升制造业绿色全要素生产率了吗 [J]. 现代经济探讨, 2021, 474 (6): 38-48.

[129] 郭晓丹, 何文韬, 肖兴志. 战略性新兴产业的政府补贴、额外行为与研发活动变动 [J]. 宏观经济研究, 2011 (11): 63-69.

[130] 国务院发展研究中心《进一步化解产能过剩的政策研究》课题组, 赵昌文, 许召元, 等. 当前我国产能过剩的特征、风险及对策研究——基于实地调研及微观数据的分析 [J]. 管理世界, 2015, 259 (4): 1-10.

[131] 韩健, 程宇丹. 因地制宜：化解我国地方政府隐性债务的路径选择 [J]. 中国行政管理, 2020, 423 (9): 12-16.

[132] 韩健, 李江宇. 数字经济发展对产业结构升级的影响机制研究 [J]. 统计与信息论坛, 2022, 37 (7): 13-25.

[133] 韩晶, 陈曦. 数字经济赋能绿色发展：内在机制与经验证据 [J]. 经济社会体制比较, 2022, 220 (2): 73-84.

[134] 韩璐, 陈松, 梁玲玲. 数字经济、创新环境与城市创新能力 [J]. 科研管理, 2021, 42 (4): 35-45.

[135] 韩先锋，惠宁，宋文飞．信息化能提高中国工业部门技术创新效率吗[J]．中国工业经济，2014，321（12）：70-82.

[136] 韩燕，李衡，王巍．高铁发展对城市雾霾污染的影响研究[J]．软科学，2021，35（12）：50-55.

[137] 韩永辉，黄亮雄，王贤彬．产业政策推动地方产业结构升级了吗？——基于发展型地方政府的理论解释与实证检验[J]．经济研究，2017，52（8）：33-48.

[138] 何大安．互联网应用扩张与微观经济学基础——基于未来"数据与数据对话"的理论解说[J]．经济研究，2018，53（8）：177-192.

[139] 何凌云，祁晓凤．环境规制与绿色全要素生产率——来自中国工业企业的证据[J]．经济学动态，2022，736（6）：97-114.

[140] 何维达，温家隆，张满银．数字经济发展对中国绿色生态效率的影响研究——基于双向固定效应模型[J]．经济问题，2022，509（1）：1-8+30.

[141] 何伟军，李闻钦，邓明亮．人力资本、绿色科技创新与长江经济带全要素碳排放效率[J]．科技进步与对策，2022，39（9）：23-32.

[142] 何小钢，罗奇，陈锦玲．高质量人力资本与中国城市产业结构升级——来自"高校扩招"的证据[J]．经济评论，2020，224（4）：3-19.

[143] 何小钢，朱国悦．互联网使用与企业库存决策行为：理论机制与中国证据[J]．中央财经大学学报，2021，412（12）：119-132.

[144] 胡鞍钢，周绍杰．新的全球贫富差距：日益扩大的"数字鸿沟"[J]．中国社会科学，2002（3）：15.

[145] 胡鞍钢，郑京海，高宇宁，张宁，许海萍．考虑环境因素的省级技术效率排名（1999—2005）[J]．经济学（季刊），2008（3）：933-960.

[146] 胡珺，黄楠，沈洪涛．市场激励型环境规制可以推动企业技术创新吗？——基于中国碳排放权交易机制的自然实验[J]．金融研究，2020，475（1）：175-193.

[147] 胡西娟，师博，杨建飞．数字经济壮大实体经济发展的机制识别和经验证据[J]．经济问题，2022（12）：1-8.

［148］胡雪萍，乐冬．环境规制促进了农业全要素生产率提升吗？［J］．江汉论坛，2022，533（11）：42-51.

［149］胡宗义，张丽娜，李毅．排污征费对绿色全要素生产率的影响效应研究——基于GPSM的政策效应评估［J］．财经理论与实践，2019，40（6）：9-15.

［150］黄海清，魏航．数字经济如何稳就业——机制与经验分析［J］．贵州财经大学学报，2022，216（1）：13-24.

［151］黄和平，李亚丽，王智鹏．基于Super-SBM模型的中国省域城市工业用地生态效率时空演变及影响因素研究［J］．生态学报，2020，40（1）：104-115.

［152］黄亮雄，马明辉，王贤彬．经济增长目标影响了企业风险承担吗？——基于市场和政府双重视角的考察［J］．财经研究，2021，47（1）：62-76+93.

［153］黄茂兴，林寿富．污染损害、环境管理与经济可持续增长——基于五部门内生经济增长模型的分析［J］．经济研究，2013，48（12）：30-41.

［154］黄群慧，余泳泽，张松林．互联网发展与制造业生产率提升：内在机制与中国经验［J］．中国工业经济，2019（8）：5-23.

［155］黄群慧．论新时期中国实体经济的发展［J］．中国工业经济，2017（9）：5-24.

［156］黄群慧．"新常态"、工业化后期与工业增长新动力［J］．中国工业经济，2014，319（10）：5-19.

［157］黄先海，王瀚迪．数字产品进口、知识存量与企业数字创新［J］．浙江大学学报（人文社会科学版），2022，52（2）：28-43.

［158］黄永源，朱晟君．公众环境关注、环境规制与中国能源密集型产业动态［J］．自然资源学报，2020，35（11）：2744-2758.

［159］黄玉沛．中非共建数字丝绸之路：机遇，挑战与路径选择［J］．国际问题研究，2019，192（4）：54-67+141.

［160］纪建悦，孙亚男．环境规制、研发投入与绿色技术进步——基于中国省级面板数据的实证分析［J］．河南师范大学学报（哲学社会科学版），2021，

48（6）：52-59.

[161] 纪祥裕，顾乃华．知识产权示范城市的设立会影响创新质量吗？[J]．财经研究，2021，47（5）：49-63.

[162] 纪玉俊，廉雨晴．制造业集聚、城市特征与碳排放 [J]．中南大学学报（社会科学版），2021，27（3）：73-87.

[163] 纪玉俊．制造业集聚变迁与绿色全要素生产率——基于政府与市场关系的视角 [J]．吉林大学社会科学学报，2021，61（2）：140-149+238.

[164] 江婉舒，周立志，周小春．基于熵权法的安徽省湿地重要性评估 [J]．长江流域资源与环境，2021，30（5）：1164-1174.

[165] 姜松，孙玉鑫．数字经济对实体经济影响效应的实证研究 [J]．科研管理，2020（5）：32-39.

[166] 焦勇，杨蕙馨．政府干预、产业结构扭曲与全要素生产率提升 [J]．财贸研究，2019，30（10）：1-16.

[167] 焦勇．数字经济赋能制造业转型：从价值重塑到价值创造 [J]．经济学家，2020（6）：87-94.

[168] 金碚．工业的使命和价值——中国产业转型升级的理论逻辑 [J]．中国工业经济，2014，318（9）：51-64.

[169] 金灿阳，徐蔼婷，邱可阳．中国省域数字经济发展水平测度及其空间关联研究 [J]．统计与信息论坛，2022，37（6）：11-21.

[170] 金环，于立宏．数字经济、城市创新与区域收敛 [J]．南方经济，2021，387（12）：21-36.

[171] 金星晔，伏霖，李涛．数字经济规模核算的框架、方法与特点 [J]．经济社会体制比较，2020，210（4）：69-78.

[172] 靳毓，文雯，何茵．数字化转型对企业绿色创新的影响——基于中国制造业上市公司的经验证据 [J]．财贸研究，2022，33（7）：69-83.

[173] 荆文君，孙宝文．数字经济促进经济高质量发展：一个理论分析框架 [J]．经济学家，2019（2）：66-73.

[174] 康铁祥．数字经济规模测算研究 [J]．当代财经，2008，280（3）：

118-121.

[175] 孔芳霞，刘新智，周韩梅，等. 新兴基础设施建设与城市绿色发展耦合协调的时空演变特征与影响因素 [J]. 经济地理，2022，42（9）：22-32.

[176] 李斌，祁源，李倩. 财政分权、FDI 与绿色全要素生产率——基于面板数据动态 GMM 方法的实证检验 [J]. 国际贸易问题，2016，403（7）：119-129.

[177] 李博，秦欢，孙威. 产业转型升级与绿色全要素生产率提升的互动关系——基于中国 116 个地级资源型城市的实证研究 [J]. 自然资源学报，2022，37（1）：186-199.

[178] 李凡，朱缤绮，孙颖. 环境政策、制度质量和可再生能源技术创新——基于 32 个国家的实证分析 [J]. 资源科学，2021，43（12）：2514-2525.

[179] 李洪伟，姜海洋，孙作人. "一带一路"沿线国家高质量绿色发展实现路径研究 [J]. 软科学，2022，36（7）：23-30.

[180] 李佳佳，郭雅娟，刘嘉彤. 环境规制、外商直接投资与环境污染——基于中国城市面板数据的实证分析 [J]. 经济问题，2022，520（12）：45-52.

[181] 李江龙，徐斌. "诅咒"还是"福音"：资源丰裕程度如何影响中国绿色经济增长？[J]. 经济研究，2018，53（9）：151-167.

[182] 李金培，徐丽群，唐方成，等. 公共交通服务效能如何影响城市绿色经济增长？[J]. 经济与管理研究，2022，43（6）：90-105.

[183] 李廉水，周勇. 技术进步能提高能源效率吗？——基于中国工业部门的实证检验 [J]. 管理世界，2006（1）：82-89.

[184] 李秦，李明志，罗金峰. 互联网贸易与市场一体化——基于淘宝网数据的实证研究 [J]. 中国经济问题，2014，287（6）：40-53.

[185] 李晚金，匡小兰，龚光明. 环境信息披露的影响因素研究——基于沪市 201 家上市公司的实证检验 [J]. 财经理论与实践，2008，153（3）：47-51.

[186] 李婉红，李娜. 自然资源禀赋、市场化配置与产业结构转型——来自 116 个资源型城市的经验证据 [J]. 现代经济探讨，2021，476（8）：52-63.

[187] 李万利，陈亮，袁凯彬. 互联网能否增强传统媒体的外部治理功

能?——基于媒体环境报道与企业绿色创新视角 [J]. 南开管理评论, 2023 (1): 1-26.

[188] 李小胜, 安庆贤. 环境管制成本与环境全要素生产率研究 [J]. 世界经济, 2012, 35 (12): 23-40.

[189] 李晓阳, 龙贝, 李晓雪, 等. 政府补贴、股权结构与涉农企业经营绩效——基于双固定效应模型的实证研究 [J]. 农业技术经济, 2021, 320 (12): 127-144.

[190] 李欣, 顾振华, 徐雨婧. 公众环境诉求对企业污染排放的影响——来自百度环境搜索的微观证据 [J]. 财经研究, 2022, 48 (1): 34-48.

[191] 李言, 毛丰付. 中国区域数字产业发展的测度与分析 [J]. 河南社会科学, 2022, 30 (3): 68-78.

[192] 李永友, 沈坤荣. 我国污染控制政策的减排效果——基于省际工业污染数据的实证分析 [J]. 管理世界, 2008, 178 (7): 7-17.

[193] 李占风, 张建. 资源环境约束下中国工业环境技术效率的地区差异及动态演变 [J]. 统计研究, 2018, 35 (12): 45-55.

[194] 李治国, 车帅, 王杰. 数字经济发展与产业结构转型升级——基于中国275个城市的异质性检验 [J]. 广东财经大学学报, 2021, 36 (5): 27-40.

[195] 梁会君. 服务贸易开放、研发投入结构错配与工业绿色全要素生产率 [J]. 科研管理, 2022, 43 (8): 48-54.

[196] 梁伟, 杨明, 张延伟. 城镇化率的提升必然加剧雾霾污染吗——兼论城镇化与雾霾污染的空间溢出效应 [J]. 地理研究, 2017, 36 (10): 1947-1958.

[197] 林龙飞, 祝仲坤. "稳就业"还是"毁就业"、数字经济对农民工高质量就业的影响 [J]. 南方经济, 2022, 399 (12): 99-114.

[198] 林妙昕, 周建庆, 彭玉莲, 等. 信息化建设对企业绿色技术创新的影响 [J]. 科技管理研究, 2022, 42 (22): 206-214.

[199] 林毅夫, 陈斌开. 发展战略、产业结构与收入分配 [J]. 经济学 (季刊), 2013, 12 (4): 1109-1140.

[200] 蔺鹏, 孟娜娜. 绿色全要素生产率增长的时空分异与动态收敛 [J].

数量经济技术经济研究, 2021, 38 (8): 104-124.

[201] 刘波, 洪兴建. 中国产业数字化程度的测算与分析 [J]. 统计研究, 2022, 39 (10): 3-18.

[202] 刘方, 孟祺. 数字经济发展: 测度、国际比较与政策建议 [J]. 青海社会科学, 2019, 238 (4): 83-90.

[203] 刘湖, 鱼晓轩, 关礼. 数字经济是否影响了家庭教育消费支出? [J]. 统计与信息论坛, 2023, 38 (2): 117-128.

[204] 刘慧, 白聪. 数字化转型促进中国企业节能减排了吗? [J]. 上海财经大学学报, 2022, 24 (5): 19-32.

[205] 刘军, 杨渊鋆, 张三峰. 数字经济测度与驱动因素研究 [J]. 上海经济研究, 2020, 381 (6): 81-96.

[206] 刘满凤, 程思佳. 碳排放权交易促进地区产业结构优化升级了吗? [J]. 管理评论, 2022, 34 (7): 33-46.

[207] 刘满凤, 刘熙, 徐野, 等. 资源错配、政府干预与新兴产业产能过剩 [J]. 经济地理, 2019, 39 (8): 126-136.

[208] 刘乃全, 邓敏, 曹希广. 城市的电商化转型推动了绿色高质量发展吗? ——基于国家电子商务示范城市建设的准自然实验 [J]. 财经研究, 2021, 47 (4): 49-63.

[209] 刘淑琳, 王贤彬, 黄亮雄. 经济增长目标驱动投资吗? ——基于 2001-2016 年地级市样本的理论分析与实证检验 [J]. 金融研究, 2019, 470 (8): 1-19.

[210] 刘伟, 张辉. 中国经济增长中的产业结构变迁和技术进步 [J]. 经济研究, 2008, 43 (11): 4-15.

[211] 刘伟江, 杜明泽, 白玥. 环境规制对绿色全要素生产率的影响——基于技术进步偏向视角的研究 [J]. 中国人口·资源与环境, 2022, 32 (3): 95-107.

[212] 刘亚南, 汤玉刚. 分离小学和初中对房价的影响: 测度教育均等化的一个新方案 [J]. 财贸经济, 2021, 42 (12): 34-52.

［213］刘洋，董久钰，魏江．数字创新管理：理论框架与未来研究［J］．管理世界，2020，36（7）：198-217+219.

［214］刘意，谢康，邓弘林．数据驱动的产品研发转型：组织惯例适应性变革视角的案例研究［J］．管理世界，2020，36（3）：164-183.

［215］刘玉凤，高良谋．中国省域 FDI 对环境污染的影响研究［J］．经济地理，2019，39（5）：47-54.

［216］刘志铭，刘雨庆，杨志江．地方政府环境目标是否影响了企业绿色技术创新——基于我国制造业上市公司数据的经验研究［J］．华南师范大学学报（社会科学版），2022，259（5）：126-138+207.

［217］龙建辉．中国区域创新能力增长路径及其共生机理实证研究［J］．软科学，2018，32（3）：67-71.

［218］卢福财，刘林英，徐远彬．互联网发展对工业绿色全要素生产率的影响研究［J］．江西社会科学，2021，41（1）：39-50+254-255.

［219］鲁若愚，周阳，丁奕文，等．企业创新网络：溯源、演化与研究展望［J］．管理世界，2021，37（1）：14+217-233.

［220］鲁晓东，连玉君．中国工业企业全要素生产率估计：1999—2007［J］．经济学（季刊），2012，11（2）：541-558.

［221］逯进，王晓飞．低碳试点政策对中国城市技术创新的影响——基于低碳城市试点的准自然实验研究［J］．中国地质大学学报（社会科学版），2019，19（6）：128-141.

［222］罗良忠，林嘉豪，谭云清．数字经济对能源消费的影响研究——基于区域一体化中介效应和遮掩效应的检验［J］．学习与实践，2022，460（6）：44-53.

［223］罗雪，毛炜圣，王帮娟，等．航空和高铁对中国城市创新能力的影响［J］．地理科学进展，2022，41（12）：2203-2217.

［224］吕民乐，陈颖瑶．信息化有利于降低雾霾污染吗？——基于空间计量模型的实证检验［J］．南京财经大学学报，2021，229（3）：13-24.

［225］马丹，唐佳琦，何雅兴．投入产出框架下中国产品部门投入数字化程

度的测算、分解及质量效应研究［J］. 统计研究, 2022, 39 (12): 3-21.

［226］马广程, 杨小忠, 许坚. 双向 FDI 协调发展与绿色全要素生产率: 理论机制与中国经验［J］. 经济问题探索, 2022, 480 (7): 173-190.

［227］马慧子, 孟宸苇, 王永铭. 环境信息披露与上市公司融资约束关系研究——基于重污染企业的实证分析［J］. 哈尔滨商业大学学报 (社会科学版), 2022, 185 (4): 69-80.

［228］马若微, 李菲菲. 自然资源依赖、金融发展与人力资本积累［J］. 广东社会科学, 2021, 211 (5): 16-25.

［229］马为彪, 吴玉鸣. 数字经济发展对中国城市创新能力的影响［J］. 经济体制改革, 2022, 237 (6): 43-51.

［230］马永开, 李仕明, 潘景铭. 工业互联网之价值共创模式［J］. 管理世界, 2020 (8): 211-222.

［231］苗效东, 吕明元, 张旭东. 工业大数据对我国制造业绿色发展的影响——基于省级面板数据的空间效应检验［J］. 软科学, 2023 (3): 1-17.

［232］聂雷, 任建辉, 刘秀丽, 等. 金融深化、政府干预与绿色全要素生产率——来自中国 10 个城市群的经验证据［J］. 软科学, 2021, 35 (1): 50-55.

［233］宁朝山. 基于质量、效率、动力三维视角的数字经济对经济高质量发展多维影响研究［J］. 贵州社会科学, 2020, 364 (4): 129-135.

［234］牛子恒, 崔宝玉. 网络基础设施建设与大气污染治理——来自 "宽带中国" 战略的准自然实验［J］. 经济学报, 2021, 8 (4): 153-180.

［235］诺思. 制度、制度变迁与经济绩效［M］. 刘守英译. 上海: 三联书店, 1994.

［236］庞瑞芝, 林婷, 王群勇. 绿色政绩考核下地方政府自主性约束行为与企业污染减排［J］. 当代财经, 2021, 440 (7): 114-126.

［237］裴长洪, 倪江飞, 李越. 数字经济的政治经济学分析［J］. 财贸经济, 2018 (9): 5-22.

［238］彭刚, 朱莉, 陈榕. SNA 视角下我国数字经济生产核算问题研究［J］. 统计研究, 2021, 38 (7): 19-31.

[239] 彭水军，包群．经济增长与环境污染——环境库兹涅茨曲线假说的中国检验 [J]．财经问题研究，2006（8）：3-17．

[240] 彭水军，包群．环境污染、内生增长与经济可持续发展 [J]．数量经济技术经济研究，2006（9）：114-126+140．

[241] 戚聿东，蔡呈伟．数字化对制造业企业绩效的多重影响及其机理研究 [J]．学习与探索，2020（7）：108-119．

[242] 齐秀琳，江求川．数字经济与农民工就业：促进还是挤出？——来自"宽带中国"政策试点的证据 [J]．中国农村观察，2023（1）：59-77．

[243] 钱娟，李金叶．技术进步是否有效促进了节能降耗与 CO_2 减排？ [J]．科学学研究，2018，36（1）：49-59．

[244] 乔晓楠，郗艳萍．数字经济与资本主义生产方式的重塑——一个政治经济学的视角 [J]．当代经济研究，2019，285（5）：5-15．

[245] 邱斌，杨帅，辛培江．FDI 技术溢出渠道与中国制造业生产率增长研究：基于面板数据的分析 [J]．世界经济，2008，360（8）：20-31．

[246] 屈超，张美慧．国际 ICT 卫星账户的构建及对中国的启示 [J]．统计研究，2015，32（7）：74-80．

[247] 屈凯．环境规制的企业绿色技术创新效应研究 [J]．湖南科技大学学报（社会科学版），2021，24（6）：90-99．

[248] 任贵生，李一军．欧盟缩小数字鸿沟的策略及对我们的启示 [J]．管理世界，2006（5）：144-145．

[249] 邵军，施震凯，朱俊明．进口贸易与中国城市的绿色转型发展——基于绿色全要素生产率的研究 [J]．国际贸易问题，2020，456（12）：51-64．

[250] 邵帅，范美婷，杨莉莉．资源产业依赖如何影响经济发展效率？——有条件资源诅咒假说的检验及解释 [J]．管理世界，2013，233（2）：32-63．

[251] 邵帅，杨莉莉．自然资源丰裕、资源产业依赖与中国区域经济增长 [J]．管理世界，2010，204（9）：26-44．

[252] 邵慰，金泽斌，陈子琦．环境规制对区域生态效率的空间效应研究：基于财政分权的调节作用 [J]．财经论丛，2023（3）：1-12．

［253］申晨，辛雅儒，贾妮莎，等. OFDI 对工业绿色全要素生产率的影响机制——基于两阶段 Super-SBM-Malmquist 指数模型的分析 ［J］. 中国管理科学，2023（3）：1-13.

［254］申明浩，谭伟杰. 数字化与企业绿色创新表现——基于增量与提质的双重效应识别 ［J］. 南方经济，2022，396（9）：118-138.

［255］盛斌，刘宇英. 数字经济发展指数的测度与空间分异特征研究 ［J］. 南京社会科学，2022，411（1）：43-54.

［256］石大千，丁海，卫平，等. 智慧城市建设能否降低环境污染 ［J］. 中国工业经济，2018，363（6）：119-137.

［257］石大千，李格，刘建江. 信息化冲击、交易成本与企业 TFP——基于国家智慧城市建设的自然实验 ［J］. 财贸经济，2020，41（3）：117-130.

［258］石磊. 地方政府双重目标管理与环境污染——基于中国城市数据的经验研究 ［J］. 财经理论与实践，2022，43（1）：104-113.

［259］时大红，蒋伏心. 我国企业数字化转型如何促进居民消费升级？［J］. 产业经济研究，2022，119（4）：87-100.

［260］史丹，陈素梅. 公众关注度与政府治理污染投入：基于大数据的分析方法 ［J］. 当代财经，2019，412（3）：3-13.

［261］史丹. 绿色发展与全球工业化的新阶段：中国的进展与比较 ［J］. 中国工业经济，2018，367（10）：5-18.

［262］宋马林，王舒鸿. 环境库兹涅茨曲线的中国"拐点"：基于分省数据的实证分析 ［J］. 管理世界，2011，217（10）：168-169.

［263］宋妍，张明. 公众认知与环境治理：中国实现绿色发展的路径探析 ［J］. 中国人口·资源与环境，2018，28（8）：161-168.

［264］宋准，孙久文，夏添. 承接产业转移示范区促进了城市创新创业吗？——基于城市层面面板数据的研究 ［J］. 西南民族大学学报（人文社会科学版），2022，43（12）：121-131.

［265］孙传旺，张文悦. 对外直接投资与企业绿色转型——基于中国企业微观数据的经验研究 ［J］. 中国人口·资源与环境，2022，32（9）：79-91.

[266] 孙帆,杜勇,胡红燕.企业数字化转型的去产能效应研究[J].软科学,2023(3):1-12.

[267] 孙慧波,赵霞.农村生活垃圾处理农户付费制度的理论基础和实践逻辑——基于政社互动视角的审视[J].中国农村观察,2022,166(4):96-114.

[268] 谭志东,赵洵,潘俊,等.数字化转型的价值:基于企业现金持有的视角[J].财经研究,2022,48(3):64-78.

[269] 汤亚莉,陈自力,刘星,等.我国上市公司环境信息披露状况及影响因素的实证研究[J].管理世界,2006(1):158-159.

[270] 滕堂伟,孙蓉,胡森林.长江经济带科技创新与绿色发展的耦合协调及其空间关联[J].长江流域资源与环境,2019,28(11):2574-2585.

[271] 涂正革.中国的碳减排路径与战略选择——基于八大行业部门碳排放量的指数分解分析[J].中国社会科学,2012,195(3):78-94+206-207.

[272] 万晓榆,罗焱卿.数字经济发展水平测度及其对全要素生产率的影响效应[J].改革,2022,335(1):101-118.

[273] 汪朝阳.外资开放如何影响绿色全要素生产率[J].经济与管理评论,2021,37(1):138-149.

[274] 汪克亮,庞素勤."一带一路"倡议实施对中国沿线城市绿色转型的影响[J].资源科学,2021,43(12):2475-2489.

[275] 汪克亮,薛梦璐,赵斌.双向FDI协调发展与绿色全要素生产率提升——基于产业结构升级视角的分析与检验[J].商业研究,2022,535(5):46-57.

[276] 王斌,刘馨,康志勇.创新兴城市政策与制造业生产率演化——来自国家创新城市试点的准自然实验[J].研究与发展管理,2021,33(6):100-110.

[277] 王兵,刘光天.节能减排约束下经济增长动力探究——基于BDDFM的实证研究[J].经济问题,2015,434(10):7-13+39.

[278] 王锋正,赵宇霞,夏嘉欣.异质环境政策、高管风险偏好与绿色技术创新——基于中国重污染上市公司的实证研究[J].科研管理,2022,43(11):

143-153.

[279] 王健, 巨程晖. 互联网时代的全球贸易新格局: 普惠贸易趋势 [J]. 国际贸易, 2016, 415 (7): 4-11.

[280] 王娟娟, 佘干军. 我国数字经济发展水平测度与区域比较 [J]. 中国流通经济, 2021, 35 (8): 3-17.

[281] 王军, 朱杰, 罗茜. 数字经济发展水平及演变测度 [J]. 数量经济技术经济研究, 2021, 38 (7): 26-42.

[282] 王开科, 吴国兵, 章贵军. 数字经济发展改善了生产效率吗 [J]. 经济学家, 2020 (10): 11.

[283] 王敏, 胡忠世. 碳排放权交易政策对产业集聚的影响研究 [J]. 南京财经大学学报, 2021, 229 (3): 1-12.

[284] 王培鑫, 吕长江. 环境保护与经济发展能否和谐共进? ——来自创新的经验证据 [J]. 南开管理评论, 2023 (3): 1-25.

[285] 王普查, 孙冰雪. 能源禀赋、贸易开放对资源绿色利用效率的影响 [J]. 大连理工大学学报 (社会科学版), 2019, 40 (2): 9-16.

[286] 王启超, 王兵, 彭睿. 人才配置与全要素生产率——兼论中国实体经济高质量增长 [J]. 财经研究, 2020, 46 (1): 64-78.

[287] 王青, 侯雪峰, 曾伏. 数字经济发展对城市居民消费的影响研究——基于时期异质性的空间杜宾模型 [J]. 经济问题探索, 2023, 487 (2): 96-109.

[288] 王胜今, 朱润酥. 低碳城市建设能否助力政府实现碳达峰碳中和目标? ——基于低碳城市试点的准自然实验 [J]. 现代经济探讨, 2022, 487 (7): 10-17+40.

[289] 王小鲁. 中国经济增长的可持续性与制度变革 [J]. 经济研究, 2000 (7): 3-15+79.

[290] 王小腾, 徐璋勇, 刘潭. 金融发展是否促进了"一带一路"国家绿色全要素生产率增长? [J]. 经济经纬, 2018, 35 (5): 17-22.

[291] 王晓祺, 宁金辉. 强制社会责任披露能否驱动企业绿色转型? ——基于我国上市公司绿色专利数据的证据 [J]. 审计与经济研究, 2020, 35 (4):

69-77.

［292］王馨，王营．绿色信贷政策增进绿色创新研究［J］．管理世界，2021，37（6）：11+173-188.

［293］王学义，何泰屹．人力资本对人工智能企业绩效的影响——基于中国282家人工智能上市企业的分析［J］．中国人口科学，2021，206（5）：88-101+128.

［294］王雅莉，侯林岐，朱金鹤．城市创新能否助力低碳经济发展——创新兴城市试点政策对碳强度的影响评估及机制分析［J］．科技进步与对策，2022，39（18）：39-49.

［295］王亚飞，徐铭，张齐家．农旅产业协同集聚对农业绿色全要素生产率增长的影响：作用机理与经验证据［J］．安徽师范大学学报（人文社会科学版），2022，50（4）：143-157.

［296］王永进，匡霞，邵文波．信息化、企业柔性与产能利用率［J］．世界经济，2017，40（1）：67-90.

［297］王昀，孙晓华．政府补贴驱动工业转型升级的作用机理［J］．中国工业经济，2017，355（10）：99-117.

［298］威廉姆森．资本主义经济制度［M］．段毅才，王伟译．北京：商务印书馆，2002.

［299］魏君英，胡润哲，陈银娥．数字经济发展如何影响城乡消费差距：扩大或缩小？［J］．消费经济，2022，38（3）：40-51.

［300］魏新月．互联网发展、市场化程度与资源配置效率［J］．西南民族大学学报（人文社会科学版），2021，42（9）：109-120.

［301］温忠麟，叶宝娟．有调节的中介模型检验方法：竞争还是替补？［J］．心理学报，2014，46（5）：714-726.

［302］吴非，胡慧芷，林慧妍，等．企业数字化转型与资本市场表现——来自股票流动性的经验证据［J］．管理世界，2021，37（7）：10+130-144.

［303］吴福象，段巍．国际产能合作与重塑中国经济地理［J］．中国社会科学，2017（2）：44-46.

[304] 吴海民，吴淑娟，陈辉．城市文明、交易成本与企业"第四利润源"——基于全国文明城市与民营上市公司核匹配倍差法的证据［J］．中国工业经济，2015，328（7）：114-129.

[305] 吴绍波，顾新．战略性新兴产业创新生态系统协同创新的治理模式选择研究［J］．研究与发展管理，2014，26（1）：13-21.

[306] 吴文值，王帅，陈能军．财政激励能否降低二氧化碳排放？——基于节能减排财政综合示范城市的证据［J］．江苏社会科学，2022，320（1）：159-169.

[307] 吴延兵．中国式分权下的偏向性投资［J］．经济研究，2017，52（6）：137-152.

[308] 伍中信，耿歆雨，伍会之．上市企业参与农村减贫对企业竞争力的影响效应［J］．经济地理，2022，42（12）：115-123.

[309] 武照亮，张冉，段存儒，等．公众压力是否影响企业环境信用评级的变化——基于企业能力的调节效应［J］．干旱区资源与环境，2022，36（8）：18-27.

[310] 夏杰长，刘诚．行政审批改革、交易费用与中国经济增长［J］．管理世界，2017，283（4）：47-59.

[311] 向书坚，吴文君．数字经济卫星账户框架设计研究［J］．统计研究，2019，36（10）：3-16.

[312] 项松林，田容至．投入数字化与制造业全球价值链攀升：基于世界投入产出数据的全球检验［J］．国际商务研究，2022，43（6）：13-26.

[313] 肖华，张国清．公共压力与公司环境信息披露——基于"松花江事件"的经验研究［J］．会计研究，2008，247（5）：15-22+95.

[314] 肖静，曾萍，任鸽．如何提升制造业绿色转型绩效？——基于 TOE 框架的组态研究［J］．科学学研究，2022，40（12）：2162-2172.

[315] 肖旭，戚聿东．产业数字化转型的价值维度与理论逻辑［J］．改革，2019，306（8）：61-70.

[316] 肖远飞，周博英，李青．环境规制影响绿色全要素生产率的实现机

制——基于我国资源型产业的实证［J］. 华东经济管理，2020，34（3）：69-74.

［317］谢东江，胡士华. 绿色金融、期限错配与绿色全要素生产率［J］. 软科学，2023（3）：1-16.

［318］谢富胜，吴越，王生升. 平台经济全球化的政治经济学分析［J］. 中国社会科学，2019（12）：62-81.

［319］熊广勤，方扶星. 低碳城市建设提升了绿色全要素生产率吗？——基于 278 个地级市的实证研究［J］. 福建论坛（人文社会科学版），2022，367（12）：101-114.

［320］徐霞，吴福象，王兵. 政府大数据赋能城市创新：理论机制与经验证据［J］. 经济理论与经济管理，2021，41（12）：42-56.

［321］徐现祥，梁剑雄. 经济增长目标的策略性调整［J］. 经济研究，2014，49（1）：27-40.

［322］徐璋勇，朱睿. 金融发展对绿色全要素生产率的影响分析——来自中国西部地区的实证研究［J］. 山西大学学报（哲学社会科学版），2020，43（1）：117-129.

［323］徐忠，邹传伟. 区块链能做什么，不能做什么？［J］. 金融研究，2018，461（11）：1-16.

［324］许欢，孟庆国. 大数据公共治理价值观：基于国家和行政层面的分析［J］. 南京社会科学，2017，351（1）：94-101+156.

［325］许宪春，张美慧. 数字经济规模测算研究——基于国际比较的视角［J］. 中国工业经济，2020（5）：23-41.

［326］许钊，高煜，霍治方. 数字金融的污染减排效应［J］. 财经科学，2021，397（4）：28-39.

［327］宣旸，张万里. 智慧城市、经济集聚与绿色全要素生产率［J］. 现代经济探讨，2021，477（9）：12-25.

［328］薛成，孟庆玺，何贤杰. 网络基础设施建设与企业技术知识扩散——来自"宽带中国"战略的准自然实验［J］. 财经研究，2020，46（4）：48-62.

［329］鄢曹政，殷旅江，何波. 物流业集聚、空间溢出效应与农业绿色全要

素生产率——基于省域数据的实证分析 [J]. 中国流通经济，2022，36（9）：3-16.

[330] 严厚福. 公开与不公开之间：我国公众环境知情权和政府环境信息管理权的冲突与平衡 [J]. 上海大学学报（社会科学版），2017，34（2）：99-109.

[331] 阳镇，陈劲，凌鸿程. 媒体关注、环境政策不确定性与企业绿色技术创新——来自中国 A 股上市公司的经验证据 [J]. 管理工程学报，2023（3）：1-15.

[332] 杨书，范博凯，顾芸. 投资型环境规制对绿色全要素生产率的非线性影响 [J]. 中国人口·资源与环境，2022，32（5）：120-131.

[333] 杨贤宏，宁致远，向海凌，等. 地方经济增长目标与企业数字化转型——基于上市企业年报文本识别的实证研究 [J]. 中国软科学，2021，371（11）：172-184.

[334] 杨仲山，张美慧. 数字经济卫星账户：国际经验及中国编制方案的设计 [J]. 统计研究，2019，36（5）：16-30.

[335] 尹礼汇，孟晓倩，吴传清. 环境规制对长江经济带制造业绿色全要素生产率的影响 [J]. 改革，2022，337（3）：101-113.

[336] 尹志超，文小梅，栗传政. 普惠金融、收入差距与共同富裕 [J]. 数量经济技术经济研究，2023，40（1）：109-127.

[337] 于斌斌. 生产性服务业集聚与能源效率提升 [J]. 统计研究，2018，35（4）：30-40.

[338] 于连超，张卫国，毕茜. 环境税对企业绿色转型的倒逼效应研究 [J]. 中国人口·资源与环境，2019，29（7）：112-120.

[339] 于文超，高楠，龚强. 政贵有恒：经济政策不确定性对企业非生产性支出的影响 [J]. 经济学（季刊），2022，22（2）：425-444.

[340] 余东华，吕逸楠. 政府不当干预与战略性新兴产业产能过剩——以中国光伏产业为例 [J]. 中国工业经济，2015，331（10）：53-68.

[341] 余菲菲，王丽婷. 数字技术赋能我国制造企业技术创新路径研究

［J］．科研管理，2022，43（4）：11.

［342］余泳泽，郭梦华，胡山．社会失信环境与民营企业成长——来自城市失信人的经验证据［J］．中国工业经济，2020，390（9）：137-155.

［343］袁航，朱承亮．国家高新区推动了中国产业结构转型升级吗［J］．中国工业经济，2018，365（8）：60-77.

［344］原媛，周洁．中国省域尺度下产业结构多维度特征及演化对碳排放的影响［J］．自然资源学报，2021，36（12）：3186-3202.

［345］袁嘉琪，卜伟．环境规制如何提升工业绿色全要素生产率？——行业间要素配置比例变化的视角［J］．经济问题，2022，514（6）：75-84.

［346］袁一仁．环境规制对城市群绿色全要素生产率的影响［D］．北京：中国地质大学博士学位论文，2019.

［347］岳立，任婉瑜，曹雨暄．异质型环境规制对绿色经济的影响研究——基于绿色创新的中介效应分析［J］．软科学，2022，36（12）：57-64.

［348］岳子航，张聪，陶然．政府环境信息公开能否缓解环保"逐底竞争"？［J］．公共管理与政策评论，2022，11（5）：75-90.

［349］昝欣，欧国立．交通基础设施会缓和我国城市市场潜力水平的空间失衡吗？——产业集聚和创新水平的调节作用［J］．经济问题探索，2021，472（11）：91-106.

［350］詹韵秋，王军，孙小宁．数字经济对家庭消费行为的影响研究——基于中国家庭金融调查的经验分析［J］．当代经济管理，2023，45（2）：89-96.

［351］张帆．金融发展对绿色全要素生产率影响机制与国际研发空间溢出效应研究［D］．北京：北京理工大学硕士学位论文，2017.

［352］张广胜，王若男．数字经济发展何以赋能农民工高质量就业［J］．中国农村经济，2023（1）：58-76.

［353］张浩，陶伦琛．境外投资者持股与环境信息披露：来自上市公司的实证分析［J］．世界经济研究，2022，341（7）：105-119+137.

［354］张宏翔，王铭槿．公众环保诉求的溢出效应——基于省际环境规制互动的视角［J］．统计研究，2020，37（10）：29-38.

[355] 张杰，付奎，刘炳荣．数字经济如何赋能城市低碳转型——基于双重目标约束视角 [J]．现代财经（天津财经大学学报），2022，42（8）：3-23.

[356] 张军，吴桂英，张吉鹏．中国省际物质资本存量估算：1952—2000 [J]．经济研究，2004（10）：35-44.

[357] 张军涛，朱悦，游斌．产业协同集聚对城市经济绿色发展的影响 [J]．城市问题，2021，307（2）：66-74+94.

[358] 张宽，黄凌云．贸易开放、人力资本与自主创新能力 [J]．财贸经济，2019，40（12）：112-127.

[359] 张明志，余东华，孙婷．高铁开通对城市生产体系绿色重构的影响 [J]．中国人口·资源与环境，2019，29（7）：41-49.

[360] 张平，张鹏鹏．环境规制对产业区际转移的影响——基于污染密集型产业的研究 [J]．财经论丛，2016，207（5）：96-104.

[361] 张三峰，魏下海．信息与通信技术是否降低了企业能源消耗——来自中国制造业企业调查数据的证据 [J]．中国工业经济，2019，371（2）：155-173.

[362] 张素庸，汪传旭，任阳军．生产性服务业集聚对绿色全要素生产率的空间溢出效应 [J]．软科学，2019，33（11）：11-15+21.

[363] 张文卿，董景荣，张海涛，等．环境政策促进绿色全要素生产率提升的机制、困境与对策——基于创新模式选择视角 [J]．经济评论，2023，239（1）：126-143.

[364] 张文武，余泳泽．城市服务多样性与劳动力流动——基于"美团网"大数据和流动人口微观调查的分析 [J]．金融研究，2021，495（9）：91-110.

[365] 张新红．数字经济与中国发展 [J]．电子政务，2016（11）：2-11.

[366] 张艳，张雨，孙哲远．资源依赖、政府治理能力对资源型城市绿色经济转型的影响 [J]．南京财经大学学报，2022，234（2）：76-85.

[367] 张奕芳．互联网贸易、产品质量改善及本地市场效应——一个新的理论模型及来自中国的经验证据 [J]．当代财经，2019，414（5）：108-118.

[368] 张翼，卢现祥．公众参与治理与中国二氧化碳减排行动——基于省级面板数据的经验分析 [J]．中国人口科学，2011，144（3）：64-72+112.

［369］张莹莹．金融发展、研发投入与绿色全要素生产率——基于不同维度
金融发展的视角［J］．华东理工大学学报（社会科学版），2022，37（6）：
127-145.

［370］张于喆．数字经济驱动产业结构向中高端迈进的发展思路与主要任务
［J］．经济纵横，2018（9）：7.

［371］张治栋，廖常文．技术创新与长江经济带产业结构升级——市场化的
调节作用［J］．科技进步与对策，2020，37（7）：26-34.

［372］赵明亮，冯健康，孙威．环境规制影响资源型绿色全要素生产率的途
径与政策建议［J］．自然资源学报，2023，38（1）：186-204.

［373］赵儒煜，高明宇，李亚雄．空间品质如何影响城市创新能力［J］．财
经科学，2022，416（11）：123-137.

［374］赵涛，张智，梁上坤．数字经济、创业活跃度与高质量发展——来自
中国城市的经验证据［J］．管理世界，2020，36（10）：65-76.

［375］赵新宇，朱锐．数字经济与非正规就业——基于中国劳动力动态调查
的实证研究［J］．吉林大学社会科学学报，2022，62（5）：72-83+236.

［376］赵云辉，张哲，冯泰文，等．大数据发展、制度环境与政府治理效率
［J］．管理世界，2019，35（11）：119-132.

［377］郑怡林，陆铭．大城市更不环保吗？——基于规模效应与同群效应的
分析［J］．复旦学报（社会科学版），2018，60（1）：133-144.

［378］郑志刚．利益相关者对公司控制权的分享、承诺可置信成本和公司治
理的股东价值导向［J］．世界经济，2007，348（8）：86-95.

［379］周迪，罗东权．绿色税收视角下产业结构变迁对中国碳排放的影响
［J］．资源科学，2021，43（4）：693-709.

［380］周广肃，樊纲．互联网使用与家庭创业选择——来自 CFPS 数据的验
证［J］．经济评论，2018，213（5）：134-147.

［381］周黎安，刘冲，厉行，等．"层层加码"与官员激励［J］．世界经济
文汇，2015，224（1）：1-15.

［382］周雯雯，李小平，李菁．基础设施建设对全要素生产率的空间溢出效

应——基于"一带一路"背景下 271 个地级市面板数据的研究 [J]. 经济问题探索, 2020, 455 (6): 64-76.

[383] 周五七, 朱亚男. 金融发展对绿色全要素生产率增长的影响研究——以长江经济带 11 省（市）为例 [J]. 宏观质量研究, 2018, 6 (3): 74-89.

[384] 周小亮, 宝哲. 数字经济发展对实体经济是否存在挤压效应？[J]. 经济体制改革, 2021 (5): 180-186.

[385] 周小亮, 宋立. 生产性服务业与制造业协同集聚对产业结构优化升级的影响 [J]. 首都经济贸易大学学报, 2019, 21 (4): 53-64.

[386] 周小亮, 吴武林. 中国包容性绿色增长的测度及分析 [J]. 数量经济技术经济研究, 2018, 35 (8): 3-20.

[387] 周雪峰, 韩露, 肖翔. "双碳"目标下数字经济对企业持续绿色创新的影响——基于数字化转型的中介视角 [J]. 证券市场导报, 2022, 364 (11): 2-12.

[388] 朱洁西, 李俊江. 数字经济如何赋能城市绿色发展——基于区域创新产出和要素配置效率的视角 [J]. 兰州学刊, 2023, 352 (1): 31-48.

[389] 朱文涛, 吕成锐, 顾乃华. OFDI、逆向技术溢出对绿色全要素生产率的影响研究 [J]. 中国人口·资源与环境, 2019, 29 (9): 63-73.

[390] 朱于珂, 高红贵, 丁奇男, 等. 地方环境目标约束强度对企业绿色创新质量的影响——基于数字经济的调节效应 [J]. 中国人口·资源与环境, 2022, 32 (5): 106-119.

[391] 朱悦, 张军涛. 数字金融发展对城市经济绿色低碳转型的影响研究 [J]. 城市问题, 2022, 327 (10): 64-71+81.

附　　录

附表 1　双重差分设计变量描述性统计结果

变量类别	变量符号	定义	样本量	均值	标准差	最小值	最大值
解释变量	*GTFP*	*GTFP* 累乘值	2610	1.0301	0.3806	0.2059	5.2112
核心被解释变量	*Internet_city*	下一代互联网示范城市虚拟变量	2610	0.059	0.2357	1	0
控制变量	*Cgdp*	人均 GDP 自然对数	2610	10.6366	0.5932	8.5762	12.5793
	Dord	城市采矿业从业人数占总就业人数的比重	2518	0.1041	0.2049	0.0138	1.8428
	Doeg	城市污水集中处理率	2610	85.4794	14.6030	23.4000	136.5
	Lohc	教育经费投入占 GDP 比重	2610	0.0338	0.0180	0.0075	0.1585
	Lor	建设用地面积自然对数	2610	4.4923	0.9370	-0.6733	7.9778
	Gtd	每万人城市公共汽电车客运总量	2447	33.6058	70.1294	250.1341	457.0485
	Dogr	财政支出占 GDP 的比重	2610	0.0788	1.2502	7.5796	42.9054
	Doug	城市绿色覆盖率	2600	39.7095	5.8110	2.96	95.25

附表 2　其他污染排放物变量描述性统计

变量类别	变量符号	定义	样本量	均值	标准差	最小值	最大值
解释变量	*PM2.5*	PM2.5 取自然对数	2558	3.7248	0.3163	2.9164	4.4581

续表

变量类别	变量符号	定义	样本量	均值	标准差	最小值	最大值
核心被解释变量	Dedl	数字经济发展水平测算值	2610	0.1338	0.0994	0.0015	0.89
控制变量	Cgdp	人均 GDP 自然对数	2610	10.6366	0.5932	8.5762	12.5793
	Dord	城市采矿业从业人数占总就业人数的比重	2518	0.1041	0.2049	0.0138	1.8428
	Doeg	城市污水集中处理率	2610	85.4794	14.6030	23.4000	136.5
	Lohc	教育经费投入占 GDP 比重	2610	0.0338	0.0180	0.0075	0.1585
	Lor	建设用地面积自然对数	2610	4.4923	0.9370	-0.6733	7.9778
	Gtd	每万人城市公共汽电车客运总量	2447	33.6058	70.1294	250.1341	457.0485
	Dogr	财政支出占 GDP 的比重	2610	0.0788	1.2502	7.5796	42.9054
	Doug	城市绿色覆盖率	2600	39.7095	5.8110	2.96	95.25

附表 3　构建综合指标体系测算城市环境指数

一级指标	二级指标	三级指标	指标方向
城市环境指数	环境污染	工业二氧化硫排放量	负向指标
		工业废水排放量	负向指标
		工业烟粉尘排放量	负向指标
		二氧化碳排放	负向指标
	环境治理	一般工业固体废物综合利用率	正向指标
		生活垃圾无害化处理率	正向指标
		绿地面积	正向指标
		公园绿地面积	正向指标

附表 4　构建指标体系测算的城市环境指数相关变量描述性统计

变量类别	变量符号	定义	样本量	均值	标准差	最小值	最大值
解释变量	EI	城市环境指数	2610	0.0602	0.0903	0.0110	0.9240
核心被解释变量	Dedl	数字经济发展水平测算值	2610	0.1338	0.0994	0.0015	0.89
控制变量	Cgdp	人均 GDP 自然对数	2610	10.6366	0.5932	8.5762	12.5793
	Dord	城市采矿业从业人数占总就业人数的比重	2518	0.1041	0.2049	0.0138	1.8428
	Doeg	城市污水集中处理率	2610	85.4794	14.6030	23.4000	136.5

续表

变量类别	变量符号	定义	样本量	均值	标准差	最小值	最大值
控制变量	Lohc	教育经费投入占 GDP 比重	2610	0.0338	0.0180	0.0075	0.1585
	Lor	建设用地面积自然对数	2610	4.4923	0.9370	-0.6733	7.9778
	Gtd	每万人城市公共汽电车客运总量	2447	33.6058	70.1294	250.1341	457.0485
	Dogr	财政支出占 GDP 的比重	2610	0.0788	1.2502	7.5796	42.9054
	Doug	城市绿色覆盖率	2600	39.7095	5.8110	2.96	95.25

附表5　重新测算绿色全要素生产率相关变量描述性统计

变量类别	变量符号	定义	样本量	均值	标准差	最小值	最大值
解释变量	DEA-GML	GTFP	2608	1.0955	0.3417	0.2654	7.3145
核心被解释变量	Dedl	数字经济发展水平测算值	2610	0.1338	0.0994	0.0015	0.89
控制变量	Cgdp	人均 GDP 自然对数	2610	10.6366	0.5932	8.5762	12.5793
	Dord	城市采矿业从业人数占总就业人数的比重	2518	0.1041	0.2049	0.0138	1.8428
	Doeg	城市污水集中处理率	2610	85.4794	14.6030	23.4000	136.5
	Lohc	教育经费投入占 GDP 比重	2610	0.0338	0.0180	0.0075	0.1585
	Lor	建设用地面积自然对数	2610	4.4923	0.9370	-0.6733	7.9778
	Dogr	财政支出占 GDP 的比重	2610	0.0788	1.2502	7.5796	42.9054
	Doug	城市绿色覆盖率	2600	39.7095	5.8110	2.96	95.25

附表6　更改统计源后相关变量描述性统计

变量类别	变量符号	定义	样本量	均值	标准差	最小值	最大值
解释变量	EI	GTFP 累乘值	1300	1.0353	0.4718	0.2057	5.2111
核心被解释变量	Indedl	腾讯研究院数字经济指数取自然对数	1300	-0.2845	1.3807	-5.3371	3.7573
控制变量	Cgdp	人均 GDP 自然对数	1295	10.6741	0.5732	9.0616	12.2807
	Dord	城市采矿业从业人数占总就业人数的比重	1253	0.0878	0.1878	0.0138	1.6367
	Doeg	城市污水集中处理率	1300	90.5035	9.2411	30	121.9
	Lohc	教育经费投入占 GDP 比重	1300	0.0354	0.0182	0.0086	0.1486
	Lor	建设用地面积自然对数	1300	4.5939	0.9204	-0.3567	7.9778

续表

变量类别	变量符号	定义	样本量	均值	标准差	最小值	最大值
控制变量	Gtd	每万人城市公共汽电车客运总量	1228	32.745	65.8953	19.4069	433.881
	Dogr	财政支出占 GDP 的比重	1300	0.1181	1.7008	7.5796	42.9054
	Doug	城市绿色覆盖率	1295	40.3347	4.9646	8.35	58.11

附表7　更改统计源后模型回归结果

变量	(1)	(2)	(3)	(4)	(5)	(6)	(7)	(8)	(9)
Dedl	0.2079***	0.2070***	0.2124***	0.2124***	0.2041***	0.2035***	0.2338***	0.2340***	0.2336***
	(0.0436)	(0.0436)	(0.0453)	(0.0453)	(0.0462)	(0.0462)	(0.0494)	(0.0494)	(0.0494)
Indedl		0.0369	0.0391	0.0393	0.0390	0.0391	0.0413	0.0418	0.0464
		(0.0358)	(0.0373)	(0.0373)	(0.0373)	(0.0373)	(0.0390)	(0.0390)	(0.0389)
Dord			0.2264	0.2309	0.2407	0.2430	0.2239	0.2364	0.2731
			(0.3218)	(0.3231)	(0.3233)	(0.3235)	(0.3312)	(0.3324)	(0.3305)
Doeg				−0.0003	−0.0002	−0.0002	−0.0003	−0.0003	−0.0006
				(0.0019)	(0.0020)	(0.0020)	(0.0020)	(0.0020)	(0.0020)
Lohc					−2.3561	−2.2746	−2.3537	−2.3245	−2.6931
					(2.5699)	(2.5799)	(2.6251)	(2.6270)	(2.6165)
Lor						0.0329	0.0486	0.0488	0.0464
						(0.0865)	(0.1012)	(0.1013)	(0.0389)
Gtd							0.0009	0.0009	0.0011
							(0.0008)	(0.0008)	(0.0008)
Dogr								−0.0042	−0.0053
								(0.0090)	(0.0090)
Doug									0.0104***
									(0.0047)
_cons	1.1117***	0.7180***	0.6653**	0.6329	0.7398	0.5846	0.3493	0.3406	−0.2876
	(0.0449)	(0.3843)	(0.4019)	(0.4438)	(0.4589)	(0.6144)	(0.6616)	(0.6623)	(0.6993)
时间固定效应	YES	YES	YES	YES	YES	YES	YES	YES	YES
城市固定效应	YES	YES	YES	YES	YES	YES	YES	YES	YES
N	1300	1300	1253	1253	1253	1253	1181	1181	1176
R^2	0.9231	0.9232	0.9219	0.9219	0.9220	0.9220	0.9205	0.9205	0.9215

注：1%、5%、10%的显著性水平分别用＊＊＊、＊＊、＊表示，括号内为标准误（本章下同）。

附表8　基于熵权法+TOPSIS构建数字经济发展水平指标体系

一级指标	二级指标	权重	三级指标	指标属性
数字经济 发展水平	互联网普及率	0.2907	每百万互联网用户数	+
	互联网相关从业人数	0.1929	信息传输、计算机服务和软业业从业人员占比	+
	电信业务产出	0.0649	人均电信业务总量	+
	移动互联网用户数	0.2523	人均移动电话量	+
	数字普惠金融发展	0.1992	中国数字普惠金融指数	+

附表9　重新测算数字经济发展水平后相关变量的描述性统计

变量类别	变量符号	定义	样本量	均值	标准差	最小值	最大值
解释变量	$GTFP$	$GTFP$累乘值	2610	1.0301	0.3806	0.2057	5.2112
核心被解释变量	$Dedl$	熵权法+TOPSIS数字经济 发展水平	2610	0.2008	0.0854	0.0209	0.4668
控制变量	$Cgdp$	人均GDP自然对数	2610	10.6366	0.5932	8.5762	12.5793
	$Dord$	城市采矿业从业人数 占总就业人数的比重	2518	0.1041	0.2049	0.0138	1.8428
	$Doeg$	城市污水集中处理率	2610	85.4794	14.6030	23.4000	136.5
	$Lohc$	教育经费投入占GDP比重	2610	0.0338	0.0180	0.0075	0.1585
	Lor	建设用地面积自然对数	2610	4.4923	0.9370	−0.6733	7.9778
	Gtd	每万人城市公共汽电车 客运总量	2447	33.6058	70.1294	250.1341	457.0485
	$Dogr$	财政支出占GDP的比重	2610	0.0788	1.2502	7.5796	42.9054
	$Doug$	城市绿色覆盖率	2600	39.7095	5.8110	2.96	95.25

附表10　重新测算数字经济发展水平后模型回归结果

变量	(1)	(2)	(3)	(4)	(5)	(6)	(7)	(8)	(9)
$Dedl$	0.0044 ***	0.0044 ***	0.0044 ***	0.0044 ***	0.0041 ***	0.0041 ***	0.0024 ***	0.0024 ***	0.0025 ***
	(0.0011)	(0.0011)	(0.0012)	(0.0012)	(0.0012)	(0.0012)	(0.0012)	(0.0012)	(0.0012)
$Indedl$		−0.0009	−0.0009	−0.0009	−0.0009	−0.0009	−0.0015 **	−0.0015 **	−0.0017 **
		(0.0008)	(0.0009)	(0.0009)	(0.0009)	(0.0009)	(0.0009)	(0.0009)	(0.0009)
$Dord$			−0.0026	−0.0031	−0.0037	−0.0037	−0.0045	−0.0045	−0.0047
			(0.0055)	(0.0056)	(0.0056)	(0.0056)	(0.0054)	(0.0054)	(0.0963)
$Doeg$				−0.0002	−0.0002	−0.0002	−0.0002	−0.0002	−0.0002
				(0.0003)	(0.0003)	(0.0003)	(0.0003)	(0.0003)	(0.0003)

续表

变量	(1)	(2)	(3)	(4)	(5)	(6)	(7)	(8)	(9)
Lohc					-0.1698***	-0.1706***	-0.1856***	-0.1859***	-0.1766***
					(0.0669)	(0.0670)	(0.0652)	(0.0652)	(1.0653)
Lor						0.0005	0.0009	0.0009	0.0007
						(0.0019)	(0.0019)	(0.0019)	(0.0019)
Gtd							0.0001	0.0001	0.0001
							(0.0001)	(0.0001)	(0.0001)
Dogr								0.0001	0.0001
								(0.0003)	(0.0003)
Doug									0.0001
									(0.0001)
_cons	0.0554***	0.0646***	0.0648***	0.0669***	0.0725***	0.0747***	0.0733***	0.0734***	0.9495***
	(0.0015)	(0.0089)	(0.0092)	(0.0095)	(0.0098)	(0.0125)	(0.0126)	(0.0126)	(0.0406)
时间固定效应	YES	YES	YES	YES	YES	YES	YES	YES	YES
城市固定效应	YES	YES	YES	YES	YES	YES	YES	YES	YES
N	2610	2610	2518	2518	2518	2518	2355	2355	2345
R^2	0.9691	0.9691	0.9685	0.9686	0.9686	0.9686	0.9702	0.9702	0.9703

附表 11 排除其他干扰性政策后模型回归结果

变量类别	变量符号	定义	样本量	均值	标准差	最小值	最大值
解释变量	*GTFP*	*GTFP* 累乘值	2610	1.0301	0.3806	0.2057	5.2112
核心被解释变量	*Dedl*	数字经济发展水平	2610	0.1338	0.0994	0.0015	0.8899
政策变量	*Low*	低碳城市政策虚拟变量	2610	0.1471	0.3543	0	1
	Pilot	碳排放交易权政策虚拟变量	2610	0.0889	0.2846	0	1
	Fpfe	节能减排财政政策	2610	0.0693	0.2541	0	1
控制变量	*Cgdp*	人均 GDP 自然对数	2610	10.6366	0.5932	8.5762	12.5793
	Dord	城市采矿业从业人数占总就业人数的比重	2518	0.1041	0.2049	0.0138	1.8428
	Doeg	城市污水集中处理率	2610	85.4794	14.6030	23.4000	136.5
	Lohc	教育经费投入占 GDP 比重	2610	0.0338	0.0180	0.0075	0.1585
	Lor	建设用地面积自然对数	2610	4.4923	0.9370	-0.6733	7.9778
	Gtd	每万人城市公共汽电车客运总量	2447	33.6058	70.1294	250.1341	457.0485
	Dogr	财政支出占 GDP 的比重	2610	0.0788	1.2502	7.5796	42.9054
	Doug	城市绿色覆盖率	2600	39.7095	5.8110	2.96	95.25

附表 12　企业绿色转型指标体系构建

一级指标	二级指标	三级指标
生产水平	企业生产效率	OP 计算企业全要素生产率
降污排污	污染治理披露	废水、废气和固体废弃物的治理与披露情况
	清洁生产披露	清洁生产设施的披露情况
环境保护	环境管理披露	上市公司年报的环境信息，以及环保管理制度体系、环境事件应急机制、"三同时"制度等的披露情况
	环境监督披露	重点污染监控单位、突发环境事故、环境违法事件、环境信访案件、是否通过 ISO 认证等的披露情况
社会评价	社会责任得分	和讯网社会责任（CSR）总得分

企业全要素生产率算法

对于上市公司的全要素生产率，一般从拟合生产函数入手，因为就上市公司的总生产而言，总产出不能涵盖所有的生产要素投入，因此存在生产函数的剩余。在传统意义上，全要素生产率可以理解为除去生产要素贡献后的生产率贡献。虽然全要素生产率是一个微观企业的概念，但由于数据有限，全要素生产率主要基于宏观数据。然而，随着上市公司数量的不断增多，上市公司全要素生产率的计算成为可能。全要素生产率主要的测算方法为固定效应估计技术、Olley-Pakes 法（Olley and Pakes，1996）、Levinsohn-Petrin 法（Levinsohn and Petrin，2003）、GMM 法（Blundell and Bond，1998）鉴于固定效应估计技术方法可能存在对数据类型有较高要求，无法进行 OLS 估计，由于我们计算微观统计下上市公司全要素生产率，因此我们采用 Olley-Pakes 法计算 2010～2019 年中国 A 股上市公司全要素生产率。

首先建立上市公司资本存量与投资额之间的关系，构建如下公式：

$$K_{it+1} = (1-\delta)K_{it} + I_{it} \tag{附1}$$

式中，K 为上市公司的资本存量，I 为当期投资额。该式表明上市公司资本存量与当期投资额的正向关系。在该方程中，假设期望值越高，则当期投资额也会越高。基于此，构建一个最优投资函数如下：

$$i_{it}=i_t(\nu,\ k_{it}) \tag{附2}$$

求投资函数的反函数，假定 $h(\ )=i^{-1}(\ )$，ν 可以写作：

$$v_{it}=h_t(i_{it},\ k_{it}) \tag{附3}$$

将式（附3）代入生产函数的估计方程，得出：

$$y_{it}=\beta\times l_{it}+\gamma\times k_{it}+h_t(i_{it},\ k_{it})+e_{it} \tag{附4}$$

式中，$\beta\times l_{it}$ 表示劳动的贡献，$\gamma\times k_{it}+h_t(i_{it},\ k_{it})$ 表示资本的贡献，将资本贡献定义为：

$$\phi_{it}=\gamma\times k_{it}+h_t(i_{it},\ k_{it}) \tag{附5}$$

式中，ϕ_{it} 由投资额与资本存量对数值的多项式表示，定义估计值为 ϕ_{it}。因此，根据第一步可以推出以下方程：

$$y_{it}=\beta\times l_{it}+\phi_t+e_{it} \tag{附6}$$

对式（附6）进行估计可得劳动贡献量一致无偏估计系数，并与已估计系数拟合由投资额与资本存量所构成的多项式 ϕ_{it} 的值。获得劳动贡献量估计系数以后，估计资本贡献量系数，定义 $M_{it}=y_{it}-\hat{\beta}\times l_{it}$，估计以下方程：

$$M_{it}=\gamma\times k_{it}+d(\phi_{t-1}-\gamma k_{it-1})+\mu_{it}+e_{it} \tag{附7}$$

其中 $d(\phi_{t-1}-\gamma k_{it-1})$ 为包含 ϕ 和资本存量滞后期的函数，可以看成由 ϕ_{t-1} 和 k_{t-1} 的高阶多项式的估计。通过式（附7）的估计可获得生产函数所需求的所有系数，利用系数值，可以对方程 $Y_{it}=A_{it}L_{it}^{\alpha}K_{IT}^{\beta}$ 拟合获得残差对数值，也是我们所求上市公司全要素生产率的对数值。